教科書ガイド

光村図書 版　完全準拠

Here We Go!

ENGLISH COURSE

編集発行　光村教育図書

目 次

この本の構成   この本では，各教材で学習する以下の内容を載せています。

■ Unit
本文とその訳例／新出語句の発音と意味／設問の解答例／基本文の文法解説／
本文の解説／音声の内容と訳例など

■ You Can Do It! ／ Active Grammar など
設問の解答例と訳例／新出語句の発音と意味／音声の内容と訳例など

■ Let's Read など
本文とその訳例／新出語句の発音と意味／設問の解答例／本文の解説など

詳しい内容については，本書のpp.4-5にある「この本の使い方」を見てください。
この本は，みなさんの自主学習の補助となるものです。まず自分で教科書を読み，問題を解いて
みてから，この本を参考にするようにしましょう。
※著作権上の都合により，歌詞に関する設問の解答は略しています。

この本の使い方

本文のページ

教科書対応ページ
　教科書の対応ページを表示しています。

本文
　①，②，③，…の番号は，「本文の解説」の番号と一致しています。

訳例
　英文のすぐ下にその訳例を付けてあるので，英文を読みながら意味をつかむことができます。
　英語を日本語に訳すときは，男女の話し言葉の違いや敬語などにより，同じ英文でもいろいろな訳し方が考えられます。

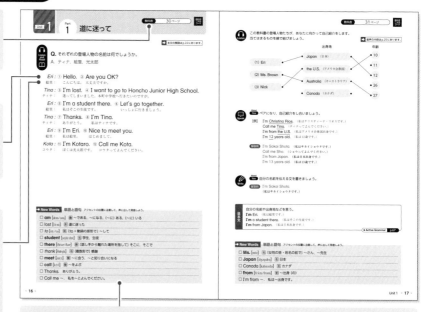

単語・語句
　新しく学習する単語や語句とその意味が示してあります。太字の単語は初出の必修語を表しています。
　斜体字の単語は，既に習っているもので意味や品詞の異なるものを表しています。

本文解説 ／ 音声の内容のページ

文法解説
　各Unitの新出の文法事項を表す基本文について解説しています。

本文の解説
　本文の各文について文法事項や重要語句の用法などを解説しています。①，②，③，…の番号は，本文に付いている番号と一致しています。

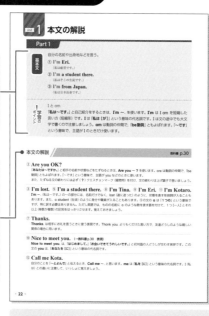

音声の内容
　各Unitでは本文の解説の後に，リスニング問題の音声内容を文字にし，訳例と合わせて載せています。内容をおおまかにつかみたいときに利用しましょう。

Goal / You Can Do It! などのページ

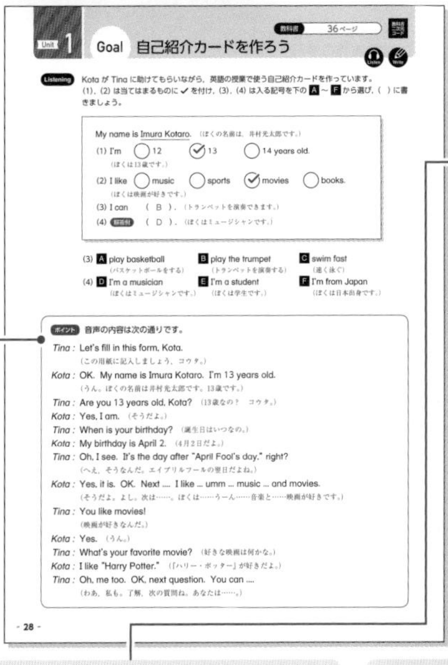

Unit 1 Goal 自己紹介カードを作ろう
教科書 36ページ 教科書二次元コード

Listening Kota が Tina に助けてもらいながら，英語の授業で使う自己紹介カードを作っています。(1)，(2) は当てはまるものに ✓ を付け，(3)，(4) は入る記号を下の A ～ F から選び，( ) に書きましょう。

My name is Imura Kotaro.（ぼくの名前は，井村光太郎です。）
(1) I'm ○12 ✓13 ○14 years old.（ぼくは13歳です。）
(2) I like ○music ○sports ✓movies ○books.（ぼくは映画が好きです。）
(3) I can (B).（トランペットを演奏できます。）
(4) 解答例 (D).（ぼくはミュージシャンです。）

(3) A play basketball（バスケットボールをする） B play the trumpet（トランペットを演奏する） C swim fast（速く泳ぐ）
(4) D I'm a musician（ぼくはミュージシャンです。） E I'm a student（ぼくは学生です。） F I'm from Japan（ぼくは日本出身です。）

ポイント 音声の内容は次の通りです。
Tina : Let's fill in this form, Kota.（この用紙に記入しましょう，コウタ。）
Kota : OK. My name is Imura Kotaro. I'm 13 years old.（うん。ぼくの名前は井村光太郎です。13歳です。）
Tina : Are you 13 years old, Kota?（13歳なの？ コウタ。）
Kota : Yes, I am.（そうだよ。）
Tina : When is your birthday?（誕生日はいつなの。）
Kota : My birthday is April 2.（4月2日だよ。）
Tina : Oh, I see. It's the day after "April Fool's day," right?（へえ，そうなんだ。エイプリルフールの翌日だよね。）
Kota : Yes, it is. OK. Next .... I like ... umm ... music ... and movies.（そうだよ。よし。次は……。ぼくは……うーん……音楽と……映画が好きです。）
Tina : You like movies!（映画が好きなんだ。）
Kota : Yes.（うん。）
Tina : What's your favorite movie?（好きな映画は何かな。）
Kota : I like "Harry Potter."（『ハリー・ポッター』が好きだよ。）
Tina : Oh, me too. OK, next question. You can ....（わあ，私も。了解，次の質問ね。あなたは……。）

- 28 -

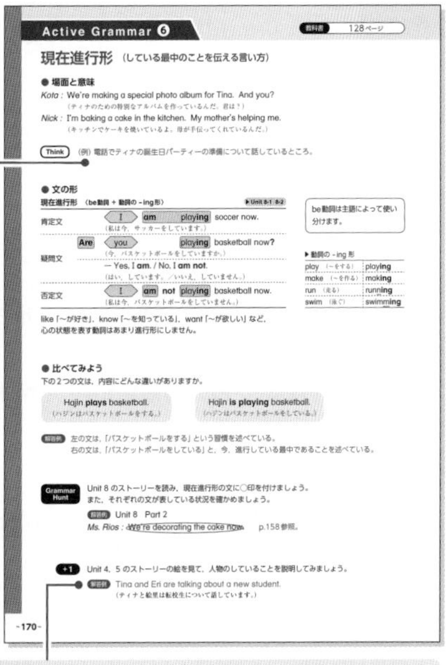

Active Grammar ⑥ 教科書 128ページ

現在進行形（している最中のことを伝える言い方）

● 場面と意味
Kota : We're making a special photo album for Tina. And you?（ティナのための特別なアルバムを作っているんだ。君は？）
Nick : I'm baking a cake in the kitchen. My mother's helping me.（キッチンでケーキを焼いているよ。母が手伝ってくれているんだ。）

Think (例) 電話でティナの誕生日パーティーの準備について話しているところ。

● 文の形
現在進行形（be動詞 + 動詞の -ing形） ▶Unit 8-1 8-2

肯定文	I am playing soccer now.（私は今，サッカーをしています。）
疑問文	Are you playing basketball now?（今，バスケットボールをしていますか。） — Yes, I **am**. / No, I **am not**.（はい，しています。／いいえ，していません。）
否定文	I am not playing basketball now.（私は今，バスケットボールをしていません。）

be動詞は主語によって使い分けます。

▶動詞の -ing 形

play（～をする）	playing
make（～を作る）	making
run（走る）	running
swim（泳ぐ）	swimming

like「～が好き」，know「～を知っている」，want「～が欲しい」など，心の状態を表す動詞はあまり進行形にしません。

● 比べてみよう
下の2つの文は，内容にどんな違いがありますか。
Hajin **plays** basketball.（ハジンはバスケットボールをする。）
Hajin **is playing** basketball.（ハジンはバスケットボールをしている。）

解答例 左の文は，「バスケットボールをする」という習慣を述べている。
右の文は，「バスケットボールをしている」と，今，進行している最中であることを述べている。

Grammar Hunt Unit 8 のストーリーを読み，現在進行形の文に○印を付けましょう。
また，それぞれの文が表している状況を確かめましょう。
解答例 Unit 8 Part 2
Ms. Rios : We're decorating the cake now. p.158参照。

+1 Unit 4，5 のストーリーの絵を見て，人物のしていることを説明してみましょう。
解答例 Tina and Eri are talking about a new student.（ティナと絵里は転校生について話しています。）

-170-

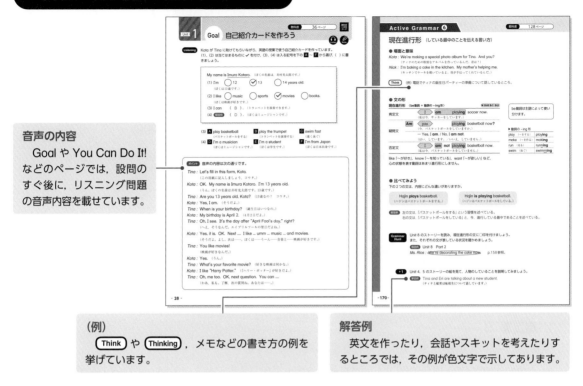

音声の内容
Goal や You Can Do It! などのページでは，設問のすぐ後に，リスニング問題の音声内容を載せています。

(例)
Think や Thinking，メモなどの書き方の例を挙げています。

解答例
英文を作ったり，会話やスキットを考えたりするところでは，その例が色文字で示してあります。

● 本書で使用している主な記号

( )　省略できる場合や，訳例などに使われています。
(例)　省略できる場合…See you (later).
(例)　訳例…I like music.（私は音楽が好きです。）

[ ]　言いかえができるときに使われています。
(例)　me「私を [に]」

〔 〕　説明を補足するときなどに使われています。
(例)　Excuse me.「〔話しかけるとき〕すみません。」

教科書二次元コード　この印のあるページでは，教科書の二次元コードから，音声や動画などの資料を読み取ることができます。
※インターネットの環境によっては，通信料が発生する場合があるので注意しましょう。

解答例　設問の解答を示しています。

ポイント　解答するうえで参考となるヒントを載せています。

● 単語の品詞

名 名　詞　　代 代名詞　　動 動　詞　　助 助動詞　　形 形容詞　　副 副　詞　　前 前置詞
冠 冠　詞　　接 接続詞　　間 間投詞

言葉で人とつながろう

 ペアになり，自分の名前を伝え，お互いの気持ちや状態をたずね合いましょう。

解答例　A： Hello. I am Shun. （こんにちは。私はシュンです。）
　　　　　　How are you? （お元気ですか。）
　　　　B： Hello. I am Kana. （こんにちは。私はカナです。）
　　　　　　I am fine. And you? （私は元気です。あなたは？）

Feelings（感情）	気持ちや状態を表す言葉	great （とても元気）	fine （元気）		happy （幸せ）	good （よい）
		tired （疲れた）	hungry （おなかがすいた）		sleepy （眠い）	sad （悲しい）

カカポ： Hi, everyone! I'm Kakapo. How are you?
　　　　（みなさん，こんにちは。私はカカポです。お元気ですか。）

 1〜4の会話を聞いて，教科書p.7の A 〜 D のどの場面のものかを考えましょう。

ポイント　音声の内容は次の通りです。

1　解答　B
Kazuki : My name is Kazuki. （私の名前はカズキです。）
　Lily : How do you spell it? （それはどうやってつづりますか。）
Kazuki : K-A-Z-U-K-I. （ケイ・エイ・ズィ・ユー・ケイ・アイ。）
　Lily : I see. （わかりました。）

2　解答　D
　Asha : Who is this? （この人は誰なの。）
Kazuki : He is Takahashi Tomotaka. （高橋智隆だよ。）
　Asha : Takaha …. Pardon? （タカハ……もう一度言って。）
Kazuki : Takahashi Tomotaka. He is a robot creator. （高橋智隆。ロボットクリエイターだよ。）

3　解答　A
　Nick : What did you do in summer? （夏は何をしていたの。）
　Lily : I went to the swimming pool. （プールに行ったよ。）
　Nick : Me, too! （ぼくも行ったよ。）

4　解答　C
　Dan : Where is my cap? （ぼくの帽子はどこかな。）
　Yui : It's under the bench. （ベンチの下にあります。）
　Dan : Oh, thank you! （ああ，ありがとう！）
　Yui : You're welcome. （どういたしまして。）

 音声をもう一度聞きましょう。登場人物のやり取りを参考に，友達と話してみましょう。

解答例　A： Where is my book? （私の本はどこですか。）
　　　　B： It's under the desk. （机の下にあります。）

好きなものでつながろう

 Lily と Shota は好きな色について話しています。
Lily が好きな色は，何色でしょうか。　解答　yellow（黄色）

ポイント 音声の内容は次の通りです。

Shota : Hey, Lily. Look! I have a new T-shirt. Do you like it?
（ちょっと，リリー。見て！ 新しいTシャツを着てきたよ。気に入ったかな。）

Lily : Oh, it's really nice! You look great in red.
（わあ，すごくいいね。赤がよく似合っているよ。）

Shota : Thanks. Red is my favorite color. What color do you like?
（ありがとう。赤は好きな色なんだ。あなたは何色が好きなの。）

Lily : I like yellow. It's the color of sunflowers.
（黄色が好きなの。ヒマワリの色だしね。）

Shota : They're your favorite flowers, right? That's nice.
（お気に入りの花なんだね。いいよね。）

Lily : Yes. Sunflowers are beautiful.
（そうね。ヒマワリはきれいだわ。）

 自分の好きな色に ✔ を付けましょう。

◯ black（黒）　◯ blue（青）　◯ brown（茶）　◯ green（緑）

◯ orange（オレンジ）　◯ pink（ピンク）　◯ purple（紫）　◯ red（赤）

◯ yellow（黄色）　◯ white（白）

 自分の好きな色を下に書きましょう。

解答例 I like white.

（私は白が好きです。）

解答例

MY FAVORITES （私の好きなもの）	
Food （食べ物） :	donuts （ドーナツ）
Season （季節） :	spring （春）
Sport （スポーツ） :	tennis （テニス）
Subject （教科） :	music （音楽）

行きたい国を伝え合おう

世界地図を見ながら，Kazuki と Nick が行ってみたい国について話しています。
Nick の挙げた国はどこでしょうか。　解答 Italy （イタリア）

Kazuki : Where do you want to go?　（どこに行きたいですか。）
　　Nick : I want to go to ....　（ぼくが行きたいのは……）

ポイント　音声の内容は次の通りです。

Kazuki : I want to go to France. I want to see the Eiffel Tower.
　（フランスに行きたいんだ。エッフェル塔を見たいよ。）

　　　　 I want to visit museums. How about you, Nick?
　（美術館に行きたいな。ニック，君はどう？）

　　　　 Where do you want to go?
　（どこに行きたいの。）

　　Nick : Well .... I want to go to Italy.
　（そうだね……。イタリアに行きたいな。）

Kazuki : Oh, Italy? Why?
　（えっ，イタリア。なぜかな。）

　　Nick : I want to see soccer games. I want to eat pizza.
　（サッカー観戦がしたいんだ。ピザが食べたい。）

Kazuki : I see.　（なるほど。）

自分の行ってみたい国に ✔ を入れましょう。
ペアになってたずね合い，友達の行ってみたい国名を書きましょう。

◯ Australia
（オーストラリア）

◯ Brazil
（ブラジル）

◯ China
（中国）

◯ Egypt
（エジプト）

◯ France
（フランス）

◯ India
（インド）

◯ Italy
（イタリア）

◯ the U.S.
（アメリカ合衆国）

解答例 Australia

（オーストラリア）

自分の行ってみたい国を下に書きましょう。

解答例 I want to go to Egypt.

（私はエジプトに行きたいです。）

数字を聞いて動物を探し出そう

1. 音声に続いて，数字を順に読みましょう。

2. 教科書p.13の数字を，読まれた順につないで，どんな動物が出てくるのかを確かめましょう。

解答 象

ポイント 音声の内容は次の通りです。

2.
Start at 0, then 18, 15, 20, 3, 13, 4, 80, （0から始めて，18，15，20，3，13，4，80，）
then 22, 29, 12, 9, 25, 11, 90, 10, 1, 6, 2, （続いて，22，29，12，9，25，11，90，10，1，6，2，）
then 14, 28, 17, 60, 70, 7, 26, 31, 24, 40, 16,
（続いて，14，28，17，60，70，7，26，31，24，40，16，）
then 21, 50, 23, 100, 27, 30, 19, 5, 8, and finally 0 again.
（続いて，21，50，23，100，27，30，19，5，8，最後にまた0。）

Numbers （数字）

0	zero	10	ten	20	twenty	30	thirty
1	one	11	eleven	21	twenty-one	31	thirty-one
2	two	12	twelve	22	twenty-two		
3	three	13	thirteen	23	twenty-three		
4	four	14	fourteen	24	twenty-four	40	forty
5	five	15	fifteen	25	twenty-five	50	fifty
6	six	16	sixteen	26	twenty-six	60	sixty
7	seven	17	seventeen	27	twenty-seven	70	seventy
8	eight	18	eighteen	28	twenty-eight	80	eighty
9	nine	19	nineteen	29	twenty-nine	90	ninety
						100	one hundred

---

1. グループになり，「31はアウト」をしましょう。
　「0」から1人1〜3個の数字を順番に言っていきます。「31」を言った人が負けです。

2. □ に入る数字を英語で答えましょう。

(1) 7 + 23 =□ thirty(30)　　(2) 2×□= 26 thirteen(13)　　(3) 200 ÷ 4 =□ fifty(50)

(4) 2×60−25 =□ ninety-five(95)　　(5)□+□=104 解答例 twenty(20) eighty-four(84)

誕生日をたずね合おう

Listen カレンダーの前で，Asha が Yui の誕生日をたずねています。
Yui の誕生日はいつでしょうか。 **解答** May 12th （5月12日）

ポイント 音声の内容は次の通りです。

Asha : Yui, I want to check your birthday on my calendar.
（ユイ，あなたの誕生日をカレンダーで確認しておきたいの。）

Yui : My birthday? （私の誕生日？）

Asha : Yes. It's a special day. （そう。特別な日でしょ。）

Yui : Oh, thanks, Asha. （わあ，ありがとう，アーシャ。）

Asha : When is your birthday? （誕生日はいつなの。）

Yui : It's May 12th. （5月12日だよ。）

Asha : May 12th. I see. Thank you, Yui. （5月12日ね。わかった。ありがとう，ユイ。）

Dates （日付）

Sun. （日）	Mon. （月）	Tue. （火）	Wed. （水）	Thu. （木）	Fri. （金）	Sat. （土）
1 first	2 second	3 third	4 fourth	5 fifth	6 sixth	7 seventh
8 eighth	9 ninth	10 tenth	11 eleventh	12 twelfth	13 thirteenth	14 fourteenth
15 fifteenth	16 sixteenth	17 seventeenth	18 eighteenth	19 nineteenth	20 twentieth	21 twenty-first
22 twenty-second	23 twenty-third	24 twenty-fourth	25 twenty-fifth	26 twenty-sixth	27 twenty-seventh	28 twenty-eighth
29 twenty-ninth	30 thirtieth	31 thirty-first				

Months （月）

❶ **January** （1月）	❷ **February** （2月）	❸ **March** （3月）	❹ **April** （4月）
❺ **May** （5月）	❻ **June** （6月）	❼ **July** （7月）	❽ **August** （8月）
❾ **September** （9月）	❿ **October** （10月）	⓫ **November** （11月）	⓬ **December** （12月）

Speak 「バースデー・ライン」を作りましょう。
お互いの誕生日をたずね合い，1月生まれの人から誕生日の早い順に並びましょう。

Write 自分の誕生日を下に書きましょう。

解答例 My birthday is October 17th.

（私の誕生日は10月17日です。）

アルファベットを聞いて書こう

Listen and Write

1. (1) ～ (2) の音声を聞き，空所に入るアルファベットの大文字を書きましょう。
   次に，それぞれのグループに共通する音を考えましょう。

   (1) A J K (2) B C D E G P T V Z

   解答例　共通する音　(1) エイという音　(2) イーとのばす音

2. 2012年以降の，夏季パラリンピックの開催都市一覧表です。
   英語を聞いて，都市名を表す大文字3文字を書き取り，それぞれの都市の名前と線で結びましょう。

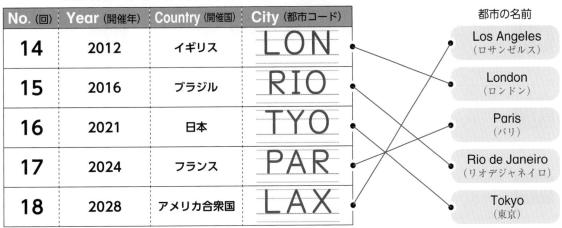

No. (回)	Year (開催年)	Country (開催国)	City (都市コード)
14	2012	イギリス	LON
15	2016	ブラジル	RIO
16	2021	日本	TYO
17	2024	フランス	PAR
18	2028	アメリカ合衆国	LAX

都市の名前
- Los Angeles （ロサンゼルス）
- London （ロンドン）
- Paris （パリ）
- Rio de Janeiro （リオデジャネイロ）
- Tokyo （東京）

3. Nick と Shota が自分のメールアドレスを言っています。それぞれのメールアドレスを書き取りましょう。

   解答　Nick：nick0927 @mmail.com　　Shota：baseball @mmail.com

4. オリジナルのメールアドレスを，小文字と数字を使って8文字以内で考えましょう。
   左に自分のものを書き入れ，ペアになって友達と教え合い，右に書き取りましょう。

   解答例　あなたの名前　Haru：spring @mmail.com

ポイント　音声の内容は次の通りです。

Nick : Hi, I'm Nick. Here is my e-mail address.
（こんにちは，ぼくはニックです。ぼくのメールアドレスです。）

n-i-c-k-zero-nine-two-seven @(at) m-m-a-i-l.com.
n-i-c-k-zero-nine-two-seven @(at) m-m-a-i-l.com.
Yes. It's my name. The numbers are my birthday. My birthday is September 27th.
（そう。ぼくの名前です。数字はぼくの誕生日です。ぼくの誕生日は9月27日なんです。）

Shota : Hi, I'm Shota. Here is my e-mail address.
（こんにちは，ぼくはショウタです。ぼくのメールアドレスです。）

b-a-s-e-b-a-l-l @(at) m-m-a-i-l.com. b-a-s-e-b-a-l-l @(at) m-m-a-i-l.com.
Yes. It's "baseball." I like baseball very much.
（そう。「ベースボール」です。ぼくは野球がとても好きなんです。）

英語の音とつづりを確かめよう

 1. 英語を聞いて，単語が表すものを教科書pp.18-19の絵の中から探して指さしましょう。

2. 英語を聞いて，単語を声に出して読んでみましょう。

A a apple（リンゴ）	**B b** banana（バナナ）	**C c** cat（ネコ）	**D d** dog（犬）
E e egg（卵）	**F f** fish（魚）	**G g** gorilla（ゴリラ）	**H h** hat（帽子）
I i ink（インク）	**J j** jump（ジャンプ）	**K k** king（王）	**L l** lemon（レモン）
M m milk（牛乳）	**N n** notebook（ノート）	**O o** octopus（タコ）	**P p** pencil（鉛筆）
Q q queen（女王）	**R r** rabbit（ウサギ）	**S s** soccer（サッカー）	**T t** tiger（トラ）
U u up（上へ）	**V v** volleyball（バレーボール）	**W w** watch（腕時計）	**X x** box（箱）
Y y yacht（ヨット）	**Z z** zoo（動物園）		

 3．先生の示すアルファベットの音で始まる単語を言いましょう。

 4. 英語を聞いて，それぞれの単語の初めの文字を書きましょう。

解答

❶ horse（馬） ❷ koala（コアラ）

❸ noodles（麺類） ❹ yogurt（ヨーグルト）

Sounds and Letters

1 子音字
音に合わせて，繰り返しましょう。 ｜ 音を聞いて，どちらの文字か選びましょう。 ｜ つづりを見て，声に出して読みましょう。

① **p** i g（ブタ）
b i g（大きい）

② **c** a p（帽子）
g a p（すき間）

③ **t** o p（頂上）
d o g（犬）

④ **s** i t（座る）
z i p（〜のジッパーを開ける）

⑤ **f** a n（扇風機）
v a n（小型トラック）

⑥ **m** a p（地図）
n a p（昼寝）

⑦ **l** e g（脚）
r e d（赤）

⑧ **h** i t（〜を打つ）
w i n（勝つ）

✔Check 音を聞いて初めの文字を書き，声に出して読みましょう。

(1) h i t　f a n　(2) n a p　m a p　(3) r e d　l e g　(4) v a n　b i g

2 母音字
音に合わせて，繰り返しましょう。 ｜ 音を聞いて，どちらの文字か選びましょう。 ｜ つづりを見て，声に出して読みましょう。

⑨ d **a** d（父さん）
b **e** d（ベッド）

⑩ c **a** n（缶）
p **i** n（ピン）

⑪ m **a** p（地図）
m **o** p（モップ）

⑫ h **a** t（帽子）
c **u** t（〜を切る）

⑬ h **o** t（暑い）
j **e** t（ジェット機）

⑭ p **i** g（ブタ）
b **u** g（昆虫）

⑮ t **e** n（10）
s **u** n（太陽）

⑯ b **i** g（大きい）
d **o** g（犬）

✔Check 音を聞いて真ん中の文字を書き，声に出して読みましょう。

(1) h a t　j e t　(2) p i n　c a n　(3) m o p　m a p　(4) t e n　s u n

3 母音字の異なる読み方
音に合わせて，繰り返しましょう。 ｜ 音を聞いて，各組の中で下線部の発音が異なるものに ✔ を付けましょう。 ｜ つづりを見て，声に出して読みましょう。

a	e	i	o	u
c**a**t（ネコ）	b**e**d（ベッド）	p**i**g（ブタ）	t**o**p（頂上）	c**u**t（〜を切る）
n**a**me（名前）	w**e**（私たちは）	l**i**ke（〜を好む）	g**o**（行く）	m**u**sic（音楽）

⑰ ◯ m**a**p（地図）　　✔ c**a**ke（ケーキ）　　◯ g**a**p（すき間）
⑱ ◯ w**e**t（ぬれた）　　◯ p**e**n（ペン）　　✔ m**e**（私を）
⑲ ✔ n**i**ne（9）　　◯ **i**nk（インク）　　◯ h**i**t（〜を打つ）
⑳ ◯ h**o**t（暑い）　　◯ b**o**x（箱）　　✔ r**o**pe（ロープ）
㉑ ✔ c**u**te（かわいい）　　◯ c**u**t（〜を切る）　　◯ b**u**g（昆虫）

✔Check 教科書p.24の絵に合う母音字を書き，音の違いに注意して声に出して読みましょう。

(1) c a k e　b a g（かばん）　(2) b o x　r o p e　(3) s i t　f i v e（5）　(4) c u t e　h u g（ハグ）

4 2文字の子音字
音に合わせて，繰り返しましょう。 ｜ つづりを見て，声に出して読みましょう。

㉒ **sh**oes（靴）
fi**sh**（魚）

㉓ **ch**eese（チーズ）
lun**ch**（昼食）

㉔ **th**ree（3）
ma**th**（数学）

㉕ **th**at（それ）
fa**th**er（父親）

✔Check 教科書p.24の絵に合うつづりを書き，声に出して読みましょう。

(1) c h e e s e　(2) f i s h　(3) f a t h e r　(4) m a t h

単語を読んで，合う絵を教科書p.22から探しましょう。

s は歯を軽く合わせて	**s**	**a**	**d**	sad （悲しい）
h は喉の奥から	**h**	**a**	**t**	hat （〈つばのある〉帽子）
c は口の奥から	**c**	**a**	**p**	cap （〈つばのない〉帽子）
j は舌を上の歯茎の少し後ろに付けて	**j**	**a**	**m**	jam （ジャム）
f は上の前歯を下唇に軽く当てて	**f**	**a**	**n**	fan （扇風機）
m は唇を閉じて鼻から	**m**	**a**	**p**	map （地図）
r は舌をどこにも付けないで	**r**	**e**	**d**	red （赤）
l は舌を上の歯茎にしっかり付けて	**l**	**e**	**g**	leg （脚）
p は唇を閉じてから	**p**	**e**	**n**	pen （ペン）
w は唇を突き出して	**w**	**e**	**t**	wet （ぬれた）

単語を読んで，合う絵を
教科書p.23の左側から探しましょう。

m	**i**	**x**	mix （～を混ぜる）
b	**u**	**g**	bug （昆虫）
n	**u**	**t**	nut （木の実）
d	**o**	**g**	dog （犬）
b	**o**	**x**	box （箱）
t	**o**	**p**	top （頂上）
s	**u**	**n**	sun （太陽）
z	**i**	**p**	zip （～のジッパーを開ける）
b	**i**	**g**	big （大きい）
p	**i**	**n**	pin （ピン）

単語を読んで，合う絵を
教科書p.23の右側から探しましょう。

s	**i**	**x**	six （6）
h	**u**	**g**	hug （ハグ）
c	**u**	**t**	cut （～を切る）
j	**o**	**g**	jog （ジョギングする）
f	**o**	**x**	fox （キツネ）
m	**o**	**p**	mop （モップ）
r	**u**	**n**	run （走る）
l	**i**	**p**	lip （唇）
p	**i**	**g**	pig （ブタ）
w	**i**	**n**	win （勝つ）

Tongue Twisters （早口言葉）

文字を見て，頭の中で読みましょう。次に，声に出して読みましょう。
慣れてきたら，できるだけ早く読んでみましょう。

Red lorry, yellow lorry, red lorry, yellow lorry, red lorry, yellow lorry.
（赤いトラック，黄色いトラック，赤いトラック，黄色いトラック，赤いトラック，黄色いトラック。）

A big black bug bit a big black bear.
（大きな黒い虫が大きな黒いクマにかみつきました。）

She sells seashells by the seashore.
（彼女は海岸で貝がらを売っています。）

Goal

Listening	Writing
会話から，その人の情報を聞き取ることができる。	自己紹介カードに，自分の情報を書くことができる。

さあ，行こう！
Here We Go!

HI, FRIENDS!
（こんにちは，みなさん。）
A **My name** : Kotaro
（ぼくの名前：光太郎）
B **My birthday** : April 2
（ぼくの誕生日：4月2日）
C I'm 13 **years old**.
（ぼくは13歳です。）

MY FAVORITES （ぼくの好きなもの）
D **Food** : rice balls （食べ物：おにぎり）
E **Season** : fall （季節：秋）
F **Color** : blue （色：青）
G **Festival** : Summer festivals （催し：夏祭り）
H **Place** : Nagano （場所：長野）

I **I can** : play the trumpet. （できること：トランペットを演奏する。）

Check 教科書pp.28-29の絵や写真を見て，ストーリーの話題を予測する
- **About You** あなたはどの季節が好きですか。 （例）秋が好き。
- Kota はどんな人だと思いますか。 （例）音楽が好きな人。

Listen ▼ **Watch**

ストーリーのおおまかな内容をつかむ
1. 音声を聞き，Kota が自分について話したことを選んで（ ）に記号を書きましょう。 （ A ） （ E ）
2. 映像を見て，内容を確かめましょう。

Word Board
- spring （春）
- summer （夏）
- fall （秋）
- winter （冬）

● New Words **単語と語句** アクセントの位置に注意して，声に出して発音しよう。

□ **here** [híər] 副 ここに，ここで，こちらへ
□ **year(s)** [jíər(z)] 名〔数詞の後で〕～歳
□ **old** [óuld] 形（年齢が）～歳の
□ **rice ball(s)** [ráis bɔ̀:l(z)] 名 おにぎり
□ **fall** [fɔ́:l] 名 秋
□ **festival** [féstəvəl] 名 祭り，催し
□ **summer** [sʌ́mər] 名 夏
□ **place** [pléis] 名 場所

□ **can** [kǽn/kən] 助 ～できる
□ **play** [pléi] 動 ～を演奏する，～をする
□ **trumpet** [trʌ́mpit] 名 トランペット
□ **spring** [spríŋ] 名 春
□ **winter** [wíntər] 名 冬
□ Here we go! さあ，行こう［始めよう］。
□ ～ year(s) old ～歳

教科書　30ページ

教科書二次元コード

➡ 本文の解説は p.22 にあります。

Listen and Read

Q. それぞれの登場人物の名前は何でしょうか。
A. ティナ，絵里，光太郎

Eri : ① Hello.　② Are you OK?
絵里：　こんにちは。　大丈夫ですか。

Tina : ③ I'm lost.　④ I want to go to Honcho Junior High School.
ティナ：　迷ってしまいました。本町中学校へ行きたいのですが。

Eri : ⑤ I'm a student there.　⑥ Let's go together.
絵里：　私はそこの生徒です。　　　　いっしょに行きましょう。

Tina : ⑦ Thanks.　⑧ I'm Tina.
ティナ：　ありがとう。　　私はティナです。

Eri : ⑨ I'm Eri.　⑩ Nice to meet you.
絵里：　私は絵里。　　はじめまして。

Kota : ⑪ I'm Kotaro.　⑫ Call me Kota.
コウタ：　ぼくは光太郎です。　コウタってよんでください。

● **New Words**　**単語と語句**　アクセントの位置に注意して，声に出して発音しよう。

☐ **am** [ǽm/əm]　動 ～である，～になる，（～に）ある，（～に）いる

☐ **lost** [lɔ́:st]　形 道に迷った

☐ *to* [tú:/tə]　前 〔to＋動詞の原形で〕～して

☐ **student** [stjúːdnt]　名 学生，生徒

☐ **there** [ðéər/ðər]　副 〔話し手から離れた場所を指して〕そこに，そこで

☐ *thank* [θǽŋk]　名 〔複数形で〕感謝

☐ **meet** [míːt]　動 ～に会う，～と知り合いになる

☐ **call** [kɔ́:l]　動 ～をよぶ

☐ **Thanks.**　ありがとう。

☐ **Call me ～.**　私を～とよんでください。

Listen この教科書の登場人物たちが，あなたに向かって自己紹介をします。
当てはまるものを線で結びましょう。

➡ 音声の内容はp.25にあります。

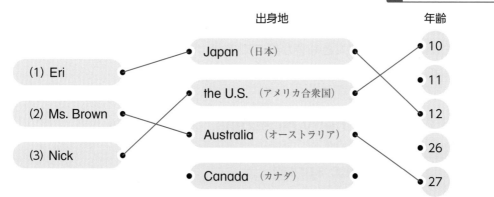

出身地　　　　　　　　　　　　　　　　年齢

(1) Eri

Japan （日本）　　　　　　10

(2) Ms. Brown

the U.S. （アメリカ合衆国）　　11

(3) Nick

Australia （オーストラリア）　12

Canada （カナダ）　　　　26

27

 Speak About You ペアになり，自己紹介をし合いましょう。

[例]　I'm Christina Rios.　（私はクリスティーナ・リオスです。）
　　　Call me Tina.　（ティナってよんでください。）
　　　I'm from the U.S.　（私はアメリカ合衆国出身です。）
　　　I'm 12 years old.　（私は12歳です。）

解答例　I'm Sakai Shota.　（私はサカイショウタです。）
　　　Call me Sho.　（ショウってよんでください。）
　　　I'm from Japan.　（私は日本出身です。）
　　　I'm 13 years old.　（私は13歳です。）

 Write About You 自分の名前を伝える文を書きましょう。

解答例　I'm Sakai Shota.
　　　（私はサカイ ショウタです。）

基本文

自分の名前や出身地などを言う。
I'm Eri.　（私は絵里です。）
I'm a student there.　（私はそこの生徒です。）
I'm from Japan.　（私は日本出身です。）

▶ Active Grammar　p.67

● New Words　単語と語句　アクセントの位置に注意して，声に出して発音しよう。

□ **Ms.** [míz]　图〔女性の姓・姓名の前で〕〜さん，〜先生

□ **Japan** [dʒəpǽn]　图日本

□ **Canada** [kǽnədə]　图カナダ

□ **from** [frʌ́m/frəm]　前〜出身 (の)

□ **I'm from 〜.**　私は〜出身です。

➡ 本文の解説は p.23 にあります。

Q. Eri と Kota は 2 人とも春が好きですか。

A. （例）絵里は春が好きだが，コウタは好きではない。

Tina : ① Look!　② Cherry blossoms.　③ Beautiful.
ティナ：　　見て！　　　桜の花。　　　　　　　　　　きれい。

Eri : ④ Yes.　⑤ I like spring.
絵里：　　うん。　　　春は好きだな。

Tina : ⑥ How about you, Kota?
ティナ：　　コウタはどう？

Kota : ⑦ I like fall.　⑧ I don't like spring.
コウタ：　　秋が好きだな。　　春は好きじゃない。

Tina : ⑨ Why not?
ティナ：　　どうしてダメなの？

Kota : ⑩ I ....　Achoo!!
コウタ：　　ぼくは……。ハクション！！

Tina : ⑪ I see.　⑫ Bless you.
ティナ：　　なるほどね。　お大事に。

●— New Words　**単語と語句**　アクセントの位置に注意して，声に出して発音しよう。

□ **look** [lúk]　動 見る

□ **beautiful** [bjúːtəfəl]　形 美しい，きれいな

□ *do* [dúː/də]　助 〔否定文をつくる〕

□ **not** [nát]　副 （～で）ない

□ **Achoo!**　ハクション！〔くしゃみの音〕

Eri たちが，自分の好きなもの，好きではないものについて話します。
教科書 p.33 の写真を見て，それぞれが好きなものに○，好きではないものに×を □ に書きましょう。

→ 音声の内容は p.26 にあります。

(1) Eri
　A ○
　B ○

(2) Ms. Brown
　C ×
　D ○

(3) Nick
　E ○
　F ○

 About You ペアになり，好きなものについて伝え合いましょう。

[例]　A：I like spring. How about you?
　　　　（私は春が好きです。あなたはどうですか。）

　　　B：（同じものが好きなとき）I like spring, too.
　　　　　　　　　　　　　　　　　（私も春が好きです。）

　　　　（違うものが好きなとき）I don't like spring so much.
　　　　　　　　　　　　　　　　　（私は春がそんなに好きではありません。）

　　　　　　　　　　　　　　　　　I like summer.
　　　　　　　　　　　　　　　　　（私は夏が好きです。）

解答例　A：I like pumpkins. How about you?
　　　　　（私はカボチャが好きです。あなたはどうですか。）

　　　　B：I don't like pumpkins.
　　　　　（私はカボチャが好きではありません。）

　　　　　I like potatoes.
　　　　　（私はジャガイモが好きです。）

 About You 自分が好きなものを伝える文を書きましょう。

解答例　I like potatoes.
　　　　（私はジャガイモが好きです。）

基本文

自分の好きなものやすることなどを言う。

I **like** spring. （私は春が好きです。）
I **don't like** spring. （私は春が好きではありません。）

▶ Active Grammar　p.68

● New Words　**単語と語句**　アクセントの位置に注意して，声に出して発音しよう。

□ *how* [háu] 副 どんな具合に，どんなふうに	□ **much** [mʌ́tʃ] 副 非常に，とても
□ **about** [əbáut] 前 ～について (の)，～に関して	□ How about ～? ～はどうですか。
□ **so** [sóu/sə] 副 それほど，そんなに	□ not ～ so much あまり～でない

教科書 34ページ

もっと知りたい，Tina のこと

→ 本文の解説は p.24 にあります。

Listen and Read

Q. Tina と Eri が得意なことはそれぞれ何でしょうか。

A. （例）ティナは水泳とドラム。絵里はピアノ。

In the classroom:
教室にて：

Tina : ① Hello. ② I'm Tina. ③ I'm from New York.
ティナ： こんにちは。 私はティナです。 ニューヨーク出身です。

④ I like music and sports.
音楽とスポーツが好きです。

⑤ I can swim and play the drums.
泳ぐこととドラムを演奏することができます。

Eri : ⑥ You can play the drums!
絵里： ドラムを演奏できるの！

Tina : ⑦ Yes. ⑧ It's fun.
ティナ： うん。 楽しいよ。

Eri : ⑨ I can't play the drums, but I can play the piano.
絵里： ドラムは演奏できないけど，ピアノを弾けるよ。

Tina : ⑩ Cool.
ティナ： かっこいい。

Think Tina の自己紹介を聞いて，あなたなら何と声をかけますか。
（例）I like sports, too. （私もスポーツが好きだよ。）

● New Words 単語と語句 アクセントの位置に注意して，声に出して発音しよう。

□ **in** [ín/in] 前 〔場所〕～の中に［で］，
～において［で］

□ **classroom** [klǽsrùːm] 名 教室

□ **hello** [helóu] 間 やあ，こんにちは

□ **New York** [njùː jɔ́ːrk] 名 ニューヨーク

□ **and** [ənd/ǽnd] 接 ～と…，および

□ **swim** [swím] 動 泳ぐ，水泳する

□ **drum(s)** [drʌ́m(z)] 名 ドラム，太鼓

□ **cannot** [kǽnɑt] 助 can の否定形

□ **but** [bʌ́t/bət] 接 しかし，だが，けれども

□ **piano** [piǽnou] 名 ピアノ

□ **cool** [kúːl] 形 かっこいい，すごい

Eri たちが，自分のできること・できないことについて話します。
それぞれができることに○，できないことに×を □ に書きましょう。

➡ 音声の内容はp.27にあります。

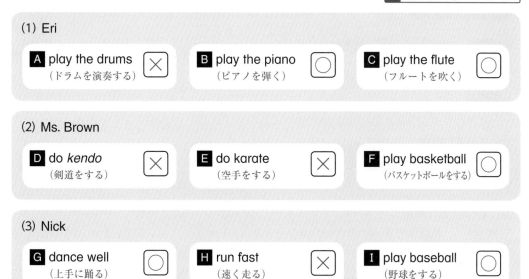

(1) Eri

A play the drums （ドラムを演奏する） ✕
B play the piano （ピアノを弾く） ○
C play the flute （フルートを吹く） ○

(2) Ms. Brown

D do *kendo* （剣道をする） ✕
E do karate （空手をする） ✕
F play basketball （バスケットボールをする） ○

(3) Nick

G dance well （上手に踊る） ○
H run fast （速く走る） ✕
I play baseball （野球をする） ○

 About You ペアになり，自分ができないこと・できることを伝え合いましょう。

[例]　I can't play the drums, but I can play the piano.
（私はドラムは演奏できませんが，ピアノが弾けます。）

解答例 I can't play volleyball, but I can play soccer.
（私はバレーボールはできませんが，サッカーはできます。）

 About You 自分ができることを伝える文を書きましょう。

解答例 I can play soccer.
（私はサッカーができます。）

基本文

自分のできることやできないことを言う。
I 　　　　play the drums. （私はドラムを演奏します。）
I **can** 　play the drums. （私はドラムを演奏することができます。）
I **can't** play the drums. （私はドラムを演奏することができません。）

▶ Active Grammar　p.68

● New Words　**単語と語句**　アクセントの位置に注意して，声に出して発音しよう。

□ **flute** [flúːt] 名 フルート，横笛
□ *do* [dúː/də] 動 ～をする
□ **basketball** [bǽskitbɔ̀ːl] 名 バスケットボール
□ **dance** [dǽns] 動 ダンスをする，踊る

□ **well** [wél] 副 上手に，うまく
□ **run** [rʌ́n] 動 走る，駆ける
□ **fast** [fǽst] 副 速く
□ **baseball** [béisbɔ̀ːl] 名 野球

Part 1

基本文

自分の名前や出身地などを言う。

① **I'm Eri.**
（私は絵里です。）

② **I'm a student there.**
（私はそこの生徒です。）

③ **I'm from Japan.**
（私は日本出身です。）

学習のポイント

I と am

「**私は～です。**」と自己紹介をするときは，**I'm ～.** を使います。**I'm** は I am を短縮した言い方（短縮形）です。I は「**私は [が]**」という意味の代名詞です。I は文の途中でも大文字で書くので注意しましょう。**am** は動詞の仲間で，「**be動詞**」ともよばれます。「**～です**」という意味で，主語が I のときだけ使います。

本文の解説

教科書 p.30

② **Are you OK?**

「**あなたは～ですか。**」と相手の名前や状態などをたずねるときは，**Are you ～ ?** を使います。are は動詞の仲間で，「be動詞」ともよばれます。「～です」という意味で，主語が you などのときに使います。

また，たずねる文の終わりには必ず（**?**）クエスチョンマーク（疑問符）を付け，文の終わりは上げ調子で言いましょう。

③ **I'm lost.** ⑤ **I'm a student there.** ⑧ **I'm Tina.** ⑨ **I'm Eri.** ⑪ **I'm Kotaro.**

I'm ～.（私は～です。）の～の部分には，名前だけでなく，lost（道に迷った）のように，状態を表す形容詞が入ることもあります。また，a student（生徒）のように身分や職業が入ることもあります。⑤の文の a は「**1つの**」という意味ですが，特に訳す必要はありません。ただし英語では，ものの名前に a のような数を表す語を付けて，1つ [一人] とそれ以上（単数か複数）の区別をはっきりさせます。覚えておきましょう。

⑦ **Thanks.**

Thanks. は相手にお礼を言うときに使う表現です。Thank you. よりもくだけた言い方で，友達どうしのような親しい関係の場合に用います。

⑩ **Nice to meet you.** （→教科書p.30　表現）

Nice to meet you. は，「**はじめまして。**」「**お会いできてうれしいです。**」と初対面の人どうしが交わす挨拶です。この文の **you** は，「**あなたを [に]**」という意味の代名詞です。

⑫ **Call me Kota.**

自分のことを「**～とよんで**」と伝えるとき，**Call me ～.** と言います。**me** は「**私を [に]**」という意味の代名詞です。I（私は）との違いに注意して，いっしょに覚えましょう。

基本文

自分の好きなものやすることなどを言う。

① I   **like spring.** （私は春が好きです。）
② I **don't like spring.** （私は春が好きではありません。）

学習のポイント

like と don't like

① 自分が好きなものを伝えるとき，**I like 〜.** と言います。like は「〜が好きです」という意味で，後に好きなものを入れて使います。like や meet，call などは，心の動きや体の動きなどを表す動詞の仲間で，「**一般動詞**」とよばれます。

② 「〜ない」と否定するときは，動詞の前に **don't** を置きます。don't は do not の短縮形です。

〈一般動詞〉 | 肯定文 |：I   like music. （私は音楽が好きです。）

↓動詞の前に **don't [do not]** を置く。

| 否定文 |：I **don't like** music. （私は音楽が好きではありません。）

● Unit1 ででてきた記号 ●
（ **.** ）ピリオド（終止符）文の終わりを表し，文の終わりに置かれます。
（ **?** ）クエスチョンマーク（疑問符）疑問文の終わりに置かれ，疑問を表します。
（ **'** ）アポストロフィー　文字や数字の省略をするときに使います。
（ **!** ）エクスクラメーションマーク（感嘆符）驚きや怒りや喜びなどを表し，文の終わりに置かれます。

本文の解説

教科書 p.32

① **Look!**
Look. は，「**見て。**」と相手の注意を引く言い方です。

⑥ **How about you, Kota?**
How about you? は，「**あなたはどうですか。**」と，相手に同意や意見を求めるときに使います。文の終わりに付いているよびかけは，最後を上げ調子で言いましょう。

⑧ **I don't like spring.**
I like spring. （私は春が好きです。）のような一般動詞の文を否定文にするときは，動詞の前に **don't [do not]** を置いて表します。

⑨ **Why not?** （→教科書p.32　表現）
Why not? で，「**なぜ〜しないのか。**」という意味を表します。〜の部分には，直前にある否定文の内容が入ります。ここでは，「なぜコウタは春が好きではないのか」の意味になります。

⑩ **I .... Achoo!!**
Achoo! は，くしゃみの「**ハクション！**」という音を表します。

⑪ **I see.**
I see. は，「**わかりました [なるほど]。**」と，相づちを打つときに使う表現です。会話で役立つ表現ですから覚えておきましょう。

⑫ **Bless you.**
Bless you. は，くしゃみをした人に言う表現で，「**お大事に。**」という意味です。

基本文

自分のできることやできないことを言う。

① I　　　play the drums.　（私はドラムを演奏します。）
② I can　play the drums.　（私はドラムを演奏することができます。）
③ I can't play the drums.　（私はドラムを演奏することができません。）

学習のポイント

can と can't

② 「〜することができます」と可能を表すときは，助動詞の **can** を動詞の前に置いて表します。語順は〈**主語 ＋ can ＋ 動詞の原形〜.**〉になります。

I　　　play the drums.　（私はドラムを演奏します。）
　↓ **can** の後の動詞は原形。
I **can** play the drums.　（私はドラムを演奏することができます。）

③ 「〜することができません」という否定文にするときは，動詞の前に **can't [cannot]** を置き，〈**主語 ＋ can't ＋ 動詞の原形〜.**〉の語順になります。否定文でも，動詞は原形を使います。

肯定文：I can　　play the drums.　（私はドラムを演奏することができます。）
　↓動詞の前に **can't** を置く。
否定文：I **can't** play the drums.　（私はドラムを演奏することができません。）

本文の解説

教科書 p.34

③ I'm from New York.
自分の出身地を伝えるとき，I'm from 〜. と言います。**from** は「〜から (来た)，〜出身の」という意味の前置詞で，自分の出身地を伝えるときに使います。**I'm from 〜.** で「私は〜の出身です (〜から来ました)。」という意味を表します。

④ I like music and sports.
like は「〜が好きです」という意味で，後に好きなものを入れて使います。**and** は「〜と…」という意味の語と語をつなぐ接続詞で，よく似た事がらどうしを結びつけます。

⑤ I can swim and play the drums.
can は「〜することができます」と可能を表す助動詞です。can の文は〈主語 ＋ can ＋ 動詞の原形〜.〉の形で表します。このとき，can の後の動詞は原形を使い，can の付く文では，主語が何でも動詞の形は変わりません。この文の **play** は，「(楽器) を演奏する」という意味で使われています。play がこの意味で使われるときは，〈**play ＋ the ＋ 楽器**〉の形で，楽器の前に必ず **the** を付けるので注意しましょう。

⑧ It's fun.
It's は **It is 〜**「それは〜です」の短縮形です。It は (ドラムを演奏すること) を指しています。

⑨ I can't play the drums, but I can play the piano.
can't は **cannot** の短縮形です。動詞の前に **can't** を置くことで，「〜することができません」という否定の意味を表しています。**can't [cannot]** の後には，動詞の原形が続きます。

⑩ Cool.　(→教科書p.34　表現)
Cool. は「かっこいい」「すごい」という意味で，ほめたり相づちを打ったりするときに使います。

Part 1 (教科書 p.31) の音声の内容

➡ 解答はp.17にあります。

ポイント 音声の内容は次の通りです。下線部に注意して，自己紹介の内容を聞き取り，当てはまるものを線で結びましょう。

(1) Eri

Hi. I'm Goto Eri.　（こんにちは。私は後藤絵里です。）

Call me Eri.　（絵里ってよんでください。）

I'm from Japan.　（私は日本出身です。）

I'm from Kanagawa.　（私は神奈川出身です。）

I'm a junior high school student.　（私は中学生です。）

I'm twelve years old.　（私は12歳です。）

Where are you from?　（あたたはどちらの出身ですか。）

(2) Ms. Brown

Hi, I'm Sophie Brown.　（こんにちは。私はソフィー・ブラウンです。）

Call me Ms. Brown.　（ブラウン先生ってよんでください。）

I'm from Australia.　（私はオーストラリア出身です。）

I'm from the Gold Coast.　（私はゴールドコースト出身です。）

I'm an English teacher.　（私は英語の教師です。）

I'm twenty seven years old.　（私は27歳です。）

Do you want to go to Australia?　（オーストラリアに行ってみたいですか。）

(3) Nick

Hi, I'm Nicholas Rios.　（こんにちは。ぼくはニコラス・リオスです。）

Call me Nick.　（ニックってよんでください。）

I'm Tina's brother.　（ぼくはティナの弟です。）

I'm from the United States, the U.S.　（ぼくはアメリカ合衆国出身です。）

I'm from New York.　（ぼくはニューヨーク出身です。）

I'm an elementary school student.　（ぼくは小学生です。）

I'm ten years old.　（ぼくは10歳です。）

Nice to meet you!　（お会いできてうれしいです。）

ポイント　音声の内容は次の通りです。下線部に注意して，それぞれが好きなもの，好きではないものを聞き取り，○や×を書きましょう。

(1) Eri

Hi, I'm Eri. <u>I like spring.</u>　（こんにちは，絵里です。私は春が好きです。）

Summer is too hot.　（夏は暑すぎます。）

Winter is too cold.　（冬は寒すぎます。）

Spring is the best season.　（春は最高の季節です。）

In spring, I can see cherry blossoms.　（春には，桜を見ることができます。）

They're beautiful.　（それは美しいです。）

Fall is a good season, too. <u>I like fall, too.</u>　（秋もいい季節です。私は秋も好きなんです。）

What season do you like?　（どの季節が好きですか。）

(2) Ms. Brown

Hi, I'm Ms. Brown. I like winter.　（こんにちは。ブラウンです。私は冬が好きです。）

In winter, the sky is clear. I can see Mt. Fuji from my room.

（冬は空が澄んでいます。部屋からは富士山が見えます。）

And I can enjoy a lot of snow in Japan.　（そして，日本では雪でさまざまに楽しむことができます。）

I can enjoy making a snow man.　（雪だるまを作って遊ぶことができます。）

<u>I like winter, but I don't like summer.</u>　（冬は好きですが，夏は嫌いです。）

It's too hot.　（暑すぎるからです。）

Do you like winter?　（冬は好きですか。）

(3) Nick

Hi, I'm Nick. Do you like sports?　（こんにちは，ニックです。スポーツは好きですか。）

I like sports very much.　（ぼくはスポーツが大好きなんです。）

<u>I like soccer.</u>　（サッカーが好きです。）

I'm on the local soccer team.　（地元のサッカーチームに所属しています。）

I play soccer with my friends on Sundays.　（日曜日には友達とサッカーをします。）

<u>I like baseball, too.</u>　（野球も好きです。）

I usually watch baseball games on TV.　（普段はテレビで野球の試合を見ています。）

I'm a New York Yankees fan.　（ニューヨーク・ヤンキースのファンです。）

Do you like the New York Yankees?　（ニューヨーク・ヤンキースは好きですか。）

🔹 ポイント 音声の内容は次の通りです。下線部に注意して，それぞれができること・できないことを聞き取り，○や×を書きましょう。

(1) Eri

Hi, I'm Eri.　（こんにちは，絵里です。）

Do you like music?　（音楽は好きですか。）

I like music very much.　（私は音楽がとても好きです。）

I can't play the drums.　（ドラムは演奏できません。）

But I can play the piano.　（だけど，ピアノは弾けます。）

And I can play the flute.　（フルートも吹けます。）

I sometimes play the flute at home.　（家で，ときどきフルートを吹いています。）

I want to be a good player.　（上手に吹けるようになりたいです。）

(2) Ms. Brown

Hi, I'm Ms. Brown.　（こんにちは，ブラウンです。）

Do you like sports?　（スポーツは好きですか。）

I like sports very much.　（私はとてもスポーツが好きです。）

Kendo and karate are popular sports in Japan, right?

（日本では剣道や空手が人気スポーツですよね。）

I can't do *kendo*.　（私は剣道ができません。）

I can't do karate, either.　（空手もできません。）

But I can play basketball well.　（でもバスケットボールは上手にできます。）

(3) Nick

Hi, I'm Nick.　（こんにちは，ぼくはニックです。）

Do you like dancing?　（ダンスは好きですか。）

I like dancing very much.　（ぼくはダンスが大好きなんです。）

I can dance well. It's fun.　（上手に踊ることができるんです。楽しいですよ。）

I like sports.　（ぼくはスポーツが好きです。）

I can't run fast, but I can play baseball.　（速く走ることはできないけれど，野球をすることはできます。）

自己紹介カードを作ろう

Listening Kota が Tina に助けてもらいながら，英語の授業で使う自己紹介カードを作っています。
(1)，(2) は当てはまるものに ✔ を付け，(3)，(4) は入る記号を下の **A** ～ **F** から選び，( ) に書きましょう。

My name is <u>Imura Kotaro</u>. （ぼくの名前は，井村光太郎です。）

(1) I'm ◯ 12　✔ 13　◯ 14 years old.
　　（ぼくは13歳です。）

(2) I like ◯ music　◯ sports　✔ movies　◯ books.
　　（ぼくは映画が好きです。）

(3) I can 　　（ B ）.　（トランペットを演奏できます。）

(4) **解答例** 　　（ D ）.　（ぼくはミュージシャンです。）

---

(3) **A** play basketball　　　**B** play the trumpet　　　**C** swim fast
　　 （バスケットボールをする）　　（トランペットを演奏する）　　（速く泳ぐ）

(4) **D** I'm a musician　　　**E** I'm a student　　　**F** I'm from Japan
　　 （ぼくはミュージシャンです。）　（ぼくは学生です。）　（ぼくは日本出身です。）

ポイント 音声の内容は次の通りです。

Tina : Let's fill in this form, Kota.
（この用紙に記入しましょう，コウタ。）

Kota : OK. My name is Imura Kotaro. I'm 13 years old.
（うん。ぼくの名前は井村光太郎です。13歳です。）

Tina : Are you 13 years old, Kota?　（13歳なの？　コウタ。）

Kota : Yes, I am.　（そうだよ。）

Tina : When is your birthday?　（誕生日はいつなの。）

Kota : My birthday is April 2.　（4月2日だよ。）

Tina : Oh, I see. It's the day after "April Fool's day," right?
（へえ，そうなんだ。エイプリルフールの翌日だよね。）

Kota : Yes, it is. OK. Next .... I like ... umm ... music ... and movies.
（そうだよ。よし。次は……。ぼくは……うーん……音楽と……映画が好きです。）

Tina : You like movies!
（映画が好きなんだ。）

Kota : Yes.　（うん。）

Tina : What's your favorite movie?　（好きな映画は何かな。）

Kota : I like "Harry Potter."　（『ハリー・ポッター』が好きだよ。）

Tina : Oh, me too. OK, next question. You can ....
（わあ，私も。了解，次の質問ね。あなたは……。）

Kota : I can play the .... Ummm ... Tina, help me.
（ぼくは……演奏できます，うーん……，ティナ，手伝って。）

Tina : Sure!　（もちろん。）

Kota : How do you spell "trumpet"?　（トランペットのつづりはどう書くのかな。）

Tina : T-R-U-M-P-E-T, trumpet.
（T-R-U-M-P-E-T，トランペットよ。）

Kota : T-R-U-M-P-E-T, trumpet. I can play the trumpet. OK. Thanks, Tina.
（T-R-U-M-P-E-T，トランペット。ぼくはトランペットが演奏できます。できた。ありがとう，ティナ。）

Tina : You're welcome. And what about the last line?
（どういたしまして。で，最後のセリフはどうするの。）

Kota : Well .... How about this? I'm a musician.
（えーと……。これはどうかな。ぼくはミュージシャンです。）

Tina : That's cool! Good job, Kota!
（かっこいいね。コウタ，お疲れ様。）

● **New Words**　**単語と語句**　アクセントの位置に注意して，声に出して発音しよう。

□ **movie(s)** [múːvi(z)]　名 映画

□ **book(s)** [búk(s)]　名 本，書物

□ **musician** [mjuːzíʃən]　名 音楽家，音楽が上手な人

Writing　今度はあなたが，自分の自己紹介カードを作りましょう。

解答例

My name is Nakamura Rika.
　　　　　　（私の名前は，中村里香です。）

(2) I like ◯ music ✓ sports ◯ movies ◯ books.
（私はスポーツが好きです。）

(3) I can swim fast.
（私は速く泳ぐことができます。）

(4) I'm from Japan.
（私は日本出身です。）

ふり返り

CAN-DO　会話から，その人の情報を聞き取ることができる。　▶▶CAN-DO List (L-1)

CAN-DO　自己紹介カードに，自分の情報を書くことができる。　▶▶CAN-DO List (W-1)

国際郵便

Goal **Writing** 海外宛ての送り状に，宛名や住所を書くことができる。

日本から海外に郵便物を送ることになりました。
宛名や住所はどのように書くとよいでしょうか。

 下の宛先に届くように，送り状の太枠内を記入しましょう。

解答例

From (依頼主)	受付年月日 Date mailed
Name (名前)	Doi Riku
Address (住所)	2-19-9 Aobadai, Kobe-shi, Hyogo
Postal code (郵便番号)	651-1231　　**JAPAN**

依頼主電話番号 / FAX 番号 Telephone No. / Fax No.

TO (お届け先)	
Name	Mr. Jorge Rios
Address	98 East 76th St., New York, NY
(郵便番号) Postal code	10001
(国名) Country	U.S.A.
TEL / FAX	

TIPS for Writing

［名前］　差出人の名前は，日本語式に「姓・名」，英語式に「名・姓」，どちらの順で書いても構いません。

［住所］　差出人の住所は，「建物名 部屋番号」→「番地町域名」→「市区町村名」→「都道府県名」の順に，コンマ（ , ）で区切って書きます。

Unit 2

Goal

Listening
会話から，好みや得意なことなどを聞き取ることができる。

Speaking
好きなことや得意なことなどについて，たずね合うことができる。

部活動
Club Activities

 Check 教科書pp.38-39の絵や写真を見て，ストーリーの話題を予測する

- **About You** あなたは部活動に参加しますか。　（例）剣道部に参加する。
- Kota は，どの部に入部するのでしょうか。　（例）G　吹奏楽部

 Listen **Watch** ストーリーのおおまかな内容をつかむ

1. 音声を聞き，Kota が見学に行った部活動を教科書pp.38-39の絵や写真から選んで（ ）に記号を書きましょう。

（ G ）

2. 映像を見て，内容を確かめましょう。

Word Board
- art club （美術部）
- basketball team （バスケットボール部）
- brass band （吹奏楽部）
- drama club （演劇部）
- *kendo* club （剣道部）
- science club （科学部）
- soccer team （サッカー部）
- swim team （水泳部）
- table tennis team （卓球部）

● **New Words** 　**単語と語句** アクセントの位置に注意して，声に出して発音しよう。

- □ **club** [klʌb] 图 クラブ，同好会
- □ **activity** [æktívəti] 图 活動，運動 → activities
- □ *swim* [swím] 图 泳ぐこと
- □ **art** [áːrt] 图 美術，芸術
- □ **team** [tíːm] 图 チーム，選手団
- □ **brass band** [bræs bænd] 图 ブラスバンド，吹奏楽部
- □ **drama** [dráːmə] 图 演劇
- □ **science** [sáiəns] 图 科学，理科
- □ **table tennis** [téibl tènis] 图 卓球
- □ **Mr.** [místər] 图〔男性の姓・姓名の前で〕〜さん，〜先生

部活動を見学

→ 本文の解説は p.38 にあります。

Listen and Read

Q. Mr. Utada は Kota たちにどのような質問をしていますか。

A. （例）新入生かどうか。吹奏楽部に興味はあるか。

Kota : ① Here's the brass band.
コウタ：　ここが吹奏楽部だ。

Mr. Utada : ② Hello.　③ Are you new students?
ウタダ先生：　やあ。　　新入生かい？

Kota : ④ Yes.
コウタ：　はい。

Mr. Utada : ⑤ Are you interested in the brass band?
ウタダ先生：　吹奏楽部に興味があるのかな。

Kota : ⑥ Yes, I am.
コウタ：　はい，そうです。

Mr. Utada : ⑦ Good!　⑧ Come in.　⑨ Have a look inside.
ウタダ先生：　いいね！　　どうぞ中に入って。　中を見てみて。

Kota and Tina : ⑩ Thank you.
コウタとティナ：　ありがとうございます。

● **New Words**　単語と語句　アクセントの位置に注意して，声に出して発音しよう。

☐ **new** [njúː]　形 新しい，新入りの

☐ **yes** [jés]　副 はい，そうです

☐ *in* [in/in]　副 中へ〔に〕

☐ **come** [kʌ́m]　動 〔話し手の方へ〕（やって）来る，〔聞き手の方へ〕行く

☐ come in　入る，入ってくる

英語の先生の Ms. Brown は，演劇部のアドバイザーをしています。演劇部の見学に来た生徒それぞれについて，Yes か No を○で囲みましょう。

➡ 音声の内容は pp.41-42 にあります。

	(1)	(2)	(3)
新入生かどうか	(Yes.)/ No. (はい。／いいえ。)	(Yes.)/ No.	Yes. /(No.)
演劇に関心があるか	Yes. /(No.) (はい。／いいえ。)	(Yes.)/ No.	(Yes.)/ No.

About You 下の (1) ～ (3) のうち自分に当てはまるものに○を付けた後，ペアになり，例のようにたずね合いましょう。共通点はありましたか。

Are you ～? （あなたは～？）	You （あなた）	Your friend （あなたの友達）
(1) a soccer fan （サッカーのファン）	○	○
(2) a bookworm （本の虫）	×	○
(3) an athlete （運動選手）	○	○

解答例

[例] (1) A : Are you a soccer fan?　（あなたはサッカーのファンですか。）
　　　 B : Yes, I am. / No, I'm not.　（はい，そうです。／いいえ，違います。）

解答例 (1) A : Are you a soccer fan?　（あなたはサッカーのファンですか。）
　　　　 B : Yes, I am.　（はい，そうです。）
　　　(2) A : Are you a bookworm?　（あなたは本の虫ですか。）
　　　　 B : No, I'm not.　（いいえ，違います。）
　　　(3) A : Are you an athlete?　（あなたは運動選手ですか。）
　　　　 B : Yes, I am.　（はい，そうです。）

友達が Yes. と答えそうな質問を 1 つ書きましょう。

解答例 Are you a junior high school student?
（あなたは中学生ですか。）

基本文

相手の状態や出身地などをたずねる。
　　I　am a new student.　（私は新入生です。）
　You are a new student.　（あなたは新入生です。）
Are you　　a new student?　（あなたは新入生ですか。）
— **Yes**, I am. / **No**, I'm not.　（はい，そうです。／いいえ，違います。）

▶Active Grammar　p.67

● New Words　単語と語句　アクセントの位置に注意して，声に出して発音しよう。

☐ **no** [nóu] 副 いいえ，いや

☐ **bookworm** 本の虫

☐ **an** [ən/ǽn] 冠 〔母音で始まる語の前で〕ある，1つ [人・匹など] の

☐ **athlete** [ǽθliːt] 名 運動好きな人，運動選手

教科書 42 ページ

教科書二次元コード

➡ 本文の解説はp.39にあります。

Q. Mr. Utada は Kota にどのような質問をしていますか。

A. （例）音楽が好きか。楽器を演奏するか。毎日練習するか。

Mr. Utada : ① Do you like music?
ウタダ先生：　音楽は好きかい？

Kota and Tina : ② Yes!
コウタとティナ：　はい！

Mr. Utada : ③ Great. ④ Do you play an instrument?
ウタダ先生：　すばらしい。　楽器を演奏するのかな。

Kota : ⑤ Yes, I do. ⑥ I play the trumpet a little.
コウタ：　はい。　　トランペットを少し演奏します。

Mr. Utada : ⑦ Really? ⑧ Do you practice it every day?
ウタダ先生：　本当に？　　毎日練習するのかい？

Kota : ⑨ No, I don't. ⑩ I practice it on weekends.
コウタ：　いいえ。　　　週末に練習します。

Mr. Utada : ⑪ Fine. ⑫ We usually practice on Mondays,
ウタダ先生：　結構。　　私たちは普段，月曜日，水曜日，金曜日に

Wednesdays, and Fridays.
練習するよ。

⑬ Come and play with us!
私たちといっしょに演奏しにおいで！

● **New Words** **単語と語句** アクセントの位置に注意して，声に出して発音しよう。

☐ **instrument** [ínstrəmənt] 名 楽器

☐ **little** [lítl] 副 少し，多少，やや

☐ **usually** [júːʒuəli] 副 普通は，いつもは

☐ **practice** [prǽktis] 動 練習する

☐ **on** [án] 前 〔曜日・日付の前で〕〜に

☐ **Monday(s)** [mʌ́ndei(z)] 名 月曜日

☐ **Wednesday(s)** [wénzdei(z)] 名 水曜日

☐ **Friday(s)** [fráidei(z)] 名 金曜日

☐ a little 少し（は）

Listen Tina が (1) ～ (3) の部活動に誘われます。
A, B の中から，それぞれ当てはまるものを線で結びましょう。 → 音声の内容は pp.42-43 にあります。

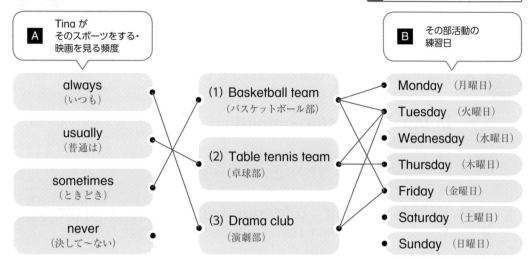

A Tina が そのスポーツをする・映画を見る頻度
B その部活動の練習日

always（いつも）
usually（普通は）
sometimes（ときどき）
never（決して～ない）

(1) Basketball team（バスケットボール部）
(2) Table tennis team（卓球部）
(3) Drama club（演劇部）

Monday（月曜日）
Tuesday（火曜日）
Wednesday（水曜日）
Thursday（木曜日）
Friday（金曜日）
Saturday（土曜日）
Sunday（日曜日）

Speak About You 自分が好きなことを，友達5人にも好きかどうかたずねましょう。
好きだと答えた人数の分だけ，下のマス目を塗りましょう。

［例］ A : Do you like soccer?　（あなたはサッカーが好きですか。）
B : Yes, I do. / No, I don't. I like running.
（はい，好きです。／いいえ。私はランニングが好きです。）

解答例 Do you like basketball?　（あなたはバスケットボールが好きですか。）

"Yes." | | | | |
0人　　　　5人

Write たずねた質問を書きましょう。

Speak の解答例参照。

基本文
相手のすることや好きなことなどをたずねる。
I play the trumpet.　（私はトランペットを演奏します。）
Do you play an instrument**?**　（あなたは楽器を演奏しますか。）
— Yes, I **do.** / No, I **don't.**　（はい，演奏します。／いいえ，演奏しません。）
▶ Active Grammar p.68

● New Words 単語と語句 アクセントの位置に注意して，声に出して発音しよう。

□ **always** [ɔ́:lweiz] 副 いつも，常に
□ **sometimes** [sʌ́mtàimz] 副 ときどき，ときには
□ **never** [névər] 副 決して～ない
□ **Tuesday** [tjú:zdei] 名 火曜日
□ **Thursday** [θə́:rzdei] 名 木曜日
□ **Saturday** [sǽtərdei] 名 土曜日
□ **Sunday** [sʌ́ndei] 名 日曜日
□ **running** [rʌ́niŋ] 名 ランニング，走ること

Unit 2 - 35 -

教科書 44ページ

➡ 本文の解説はp.40にあります。

Q. Eri は Tina にどのような質問をしていますか。

A. （例）早口言葉が言うことができるかどうか。

In the drama club activity:
演劇部の活動にて：

Tina : ① What's this?　② Can you read it?
ティナ：　　これは何？　　　　　読める？

Eri : ③ Yes.　④ Oh, it's a tongue twister. "竹垣に竹立てかけた"
絵里：　　うん。　　ああ，早口言葉だね。「竹垣に竹立てかけた」。

⑤ Can you say it?
言える？

Tina : ⑥ No, I can't.　⑦ Can you say it slowly?
ティナ：　　ううん，言えない。　ゆっくり言ってくれる？

Eri : ⑧ Of course.　⑨ Repeat after me.
絵里：　　もちろん。　　　私の後に続いて言ってみて。

Think あなたは部活動を決めるときに，どんなことを大切にしますか。
（例）楽しめるかどうか。

● New Words 単語と語句　アクセントの位置に注意して，声に出して発音しよう。

☐ *what* [hwʌ́t/hwət]　代 何

☐ **this** [ðís]　代 これ

☐ **read** [ríːd]　動 ～を読む

☐ **it** [it]　代 ①それを [に]　②それは [が]

☐ **oh** [óu]　間 ああ，まあ

☐ tongue twister [tʌ́ŋ twistər]　名 早口言葉

☐ **say** [séi]　動 ～を言う

☐ **repeat** [ripíːt]　動 繰り返して言う，復唱する

☐ **after** [ǽftər]　前 〔順序〕～の次に，～の後に [で]

Tina の弟 Nick が，Kota や Eri とおしゃべりしています。
それぞれができることに○，できないことに×を表に書きましょう。　➡ 音声の内容はpp.43-44にあります。

	(1) write "lemon" in *kanji* （「レモン」を漢字で書く）	(2) make *takoyaki* （たこやきを作る）	(3) eat *natto* （納豆を食べる）
Nick	×	○	×
Kota	×	○	×
Eri	○	×	○

About You 上の表を参考に質問を考え，ペアになって，できることをたずね合いましょう。

［例］　A : Can you write "watermelon" in *kanji* ?
　　　　　（あなたはスイカを漢字で書けますか。）
　　　　B : Yes, I can. / No, I can't.
　　　　　（はい，書けます。／いいえ，書けません。）

解答例　A : Can you ride a unicycle?
　　　　　（あなたは一輪車に乗れますか。）
　　　　B : Yes, I can.
　　　　　（はい，乗れます。）

Word Board
・draw a cow
　（牛を描く）
・drink coffee
　（コーヒーを飲む）
・ride a unicycle
　（一輪車に乗る）

たずねた質問を書きましょう。

Speak の解答例参照。

基本文

相手にできるかどうかをたずねる。
　　I　　can read it.　（私はそれを読むことができます。）
Can you　　read it?　（あなたはそれを読むことができますか。）
― Yes, I **can**. / No, I **can't**.　（はい，できます。／いいえ，できません。）

▶ Active Grammar　p.68

● New Words　単語と語句　アクセントの位置に注意して，声に出して発音しよう。

□ **write** [ráit]　動 〜を書く

□ *in* [ín/in]　前〔手段・素材〕〜で，〜を使って

□ **make** [méik]　動 〜を作る

□ **eat** [íːt]　動 〜を食べる

□ **watermelon** [wɔ́ːtərmèlən]　名 スイカ

□ **draw** [drɔ́ː]　動 〜を描く

□ **cow** [káu]　名 牛，乳牛

□ **drink** [dríŋk]　動 〜を飲む

□ **coffee** [kɔ́ːfi]　名 コーヒー

□ **ride** [ráid]　動 〜に乗る

□ **unicycle** [júːnisàikl]　名 一輪車

Part 1

基本文

相手の状態や出身地などをたずねる。

① I am a new student.
（私は新入生です。）

② You are a new student.
（あなたは新入生です。）

③ Are you a new student?
（あなたは新入生ですか。）

④ ― Yes, I am. / No, I'm not.
（はい，そうです。／いいえ，違います。）

学習のポイント

Are you ...?

③ **「あなた（たち）は～ですか。」**と相手の状態や出身地などをたずねるときは，**Are you ...?** を使います。**you** は相手を指す語で，**「あなたは [が]」** という意味の代名詞です。
主語が you のとき，「～です」は am ではなく **are** を用います。are は be動詞の仲間です。たずねる文（疑問文）の終わりには **(?) クエスチョンマーク**（疑問符）を付けます。

④ 「あなたは～ですか。」に対して「はい [いいえ]，私は～です [ではありません]。」と答えるときは，I と am を使います。**「はい」**と答えるときは **Yes, I am.** を，**「いいえ」**と答えるときは **No, I'm not.** を使います。

● Unit2 ででてきた記号 ●
(,) コンマ　日本語の読点「、」にあたり，文の区切りに置かれます。

本文の解説

教科書 p.40

① **Here's the brass band.** （→教科書p.40　表現）
Here's は Here is の短縮形で，**Here's ～.** で **「ここが～です。」** と紹介する言い方です。

③ **Are you new students?**
「あなた（たち）は～ですか。」 と相手の状態などをたずねるときは，**Are you ...?** を使います。are は be動詞の仲間です。
「～です」という意味で，主語が you などのときに使います。
また，たずねる文の終わりには必ず **(?) クエスチョンマーク**（疑問符）を付けましょう。

⑤ **Are you interested in the brass band?**
be interested in ～ で，**「～に興味をもった」** という意味を表します。

⑥ **Yes, I am.**
Are you ...? の文に **「はい。」** で答えるときは **Yes, I am.**，**「いいえ。」** で答えるときは **No, I'm not.** と言います。
コンマは文の区切りを表し，文の途中で使います。

⑧ **Come in.**
Come in. で **「入りなさい。」** という意味を表します。please を付けると **「どうぞ～」** と丁寧な言い方になります。

基本文

相手のすることや好きなことなどをたずねる。

① **I play the trumpet.**
（私はトランペットを演奏します。）

② **Do you play an instrument?**
（あなたは楽器を演奏しますか。）

③ **— Yes, I do. / No, I don't.**
（はい，演奏します。／いいえ，演奏しません。）

学習のポイント

Do you ...?

② You like music.（あなたは音楽が好きだ。）のような一般動詞の文を疑問文にするときは，主語（you）の前に **Do** を置いて，〈**Do ＋ 主語 ＋ 動詞 〜?**〉の語順になります。疑問文なので文の終わりには **?** を付け，最後は上げ調子に言いましょう。

肯定文：　**You** like music **.**　（あなたは音楽が好きです。）

↓主語の前に **Do** を置く。

疑問文：**Do you** like music **?**　（あなたは音楽が好きですか。）

③ **Do you ...?** の疑問文に答えるときは **do** を使い，「はい」なら **Yes, I do.**，「いいえ」なら **No, I don't.** と言います。**don't** は do not の短縮形です。また，「あなたは」とたずねているので，答えるときの主語は「私は（**I**）」になることに注意しましょう。

本文の解説

教科書 p.42

① **Do you like music?**

like は「〜が好きだ」という意味の一般動詞で，その後には，「〜を［が］」という意味の，その動作や状態の対象となる語句がきます。このような語句を目的語といいます。この文では music が目的語になっています。

④ **Do you play an instrument?** ⑧ **Do you practice it every day?**

一般動詞の疑問文は，主語（you）の前に Do を置いて表します。④の **play** は，「（楽器）を演奏する」という意味の一般動詞で，like と同様，動詞の後に目的語がきます。④の instrument のような母音で始まる語の前では a は，an になるので，注意しましょう。⑧の **practice** は「練習する」という意味の一般動詞です。⑧の **it** は，動詞 practice の目的語で，「**それを［に］**」という意味の代名詞です。**it** は一度出てきた名詞の代わりに使われますが，この it は the trumpet の代わりに使われています。

⑤ **Yes, I do.** ⑨ **No, I don't.**

Do you ...? の疑問文に答えるときは do を使い，「はい」なら **Yes, I do.**，「いいえ」なら **No, I don't.** と言います。「あなたは」とたずねているので，答えるときの主語は「私は（I）」になることに注意しましょう。

⑥ **I play the trumpet a little.**

この文の **play** は，「**（楽器）を演奏する**」という意味で使われています。play がこの意味で使われるときは，〈**play ＋ the ＋ 楽器**〉の形で，楽器の前に必ず the を付けるので注意しましょう。**a little** は，「**少し（は）**」という意味の言葉です。

⑫ **We usually practice on Mondays, Wednesdays, and Fridays.**

on は，曜日や日付の前に置く前置詞です。ここでは，「月曜日，水曜日，金曜日に」という意味になります。

基本文

相手にできるかどうかをたずねる。

① **I can read it.**
（私はそれを読むことができます。）

② **Can you　read it?**
（あなたはそれを読むことができますか。）

③ — **Yes, I can. / No, I can't.**
（はい，できます。／いいえ，できません。）

学習のポイント

Can you ...?

② 「～することができますか」と可能かどうかをたずねる疑問文をつくるときは，**Can** を主語の前に置いて表します。語順は〈**Can ＋ 主語 ＋ 動詞の原形 ～?**〉になります。can の後の動詞は原形を使います。

肯定文：　　**He** **can** play the guitar **.**　（彼はギターを演奏することができます。）

↓主語の前に Can を置く。

疑問文：**Can** **he** 　　 play the guitar **?**　（彼はギターを演奏することができますか。）

③ **Can ...?** の疑問文には，**can** を使って答えます。Yes のときは〈**Yes, 主語 ＋ can.**〉，No のときは〈**No, 主語 ＋ can't.**〉の形で答えます。

本文の解説

教科書 p.44

① What's this?

わからないものや事について「何」とたずねるときは **what** を使い，文の先頭に置きます。このような語を疑問詞といいます。**what's** は what is の短縮形です。**What's [What is] ～?** で，「～は何ですか。」とたずねるときに使います。また，このような疑問詞で始まる疑問文は，文の終わりを下げ調子に言います。普通の疑問文との違いに注意しましょう。

② Can you read it?　⑤ Can you say it?

can が主語の前に置かれているので，「**～することができますか**」と可能かどうかをたずねる疑問文です。**can** の後の動詞は原形になります。②の **read it** の it，⑤の **say it** の itは，動詞 read，say の目的語で，「それを」という意味の代名詞です。it は一度出てきた名詞の代わりに使われます。

④ Oh, it's a tongue twister.

what のような疑問詞で始まる疑問文には，**Yes** や **No** では答えません。What's this? には，**It's [It is] ～.（それは～です。）** の形で答えます。

⑥ No, I can't.

Can ...? の疑問文には，can を使って答えます。Yes で答えるときは〈**Yes, 主語 ＋ can.**〉，No で答えるときは〈**No, 主語 ＋ can't.**〉で答えます。

⑨ Repeat after me. （→教科書p.44　表現）

動詞で始まっているので「～しなさい」と相手の行動を促す表現です。

音声の内容

Part 1 (教科書 p.41) の音声の内容

➡ 解答はp.33にあります。

ポイント 音声の内容は次の通りです。下線部に注意して，演劇部の見学に来た生徒それぞれについて，
Yes か No を○で囲みましょう。

(1)

Ms. Brown : Hello. Welcome to our drama club. Are you a new student?
（こんにちは。演劇部へようこそ。新入生ですか。）

Boy A : <u>Yes, I am.</u> Drama club? （そうです。演劇部ですか。）

Ms. Brown : Yes. Are you interested in drama? （ええ。演劇に興味はありますか。）

Boy A : <u>Well, no, not really.</u> I'm interested in the art club.
（えーと，いいえ，あまり興味がないんです。美術部に興味があります。）

Ms. Brown : The art club? Oh, you're in the wrong room. （美術部なの。部屋を間違えていますよ。）
The art club is in the next room. This is the drama club.
（美術部は隣の部屋よ。ここは演劇部です。）

Boy A : I see. Thank you, Ms. Brown. （わかりました。ブラウン先生，ありがとうございます。）

Ms. Brown : You're welcome. （どういたしまして。）

(2)

Kaori : Hello, Ms. Brown. （こんにちは，ブラウン先生。）

Ms. Brown : Hello. Welcome to our drama club. （こんにちは。演劇部へようこそ。）

Kaori : I'm Nagai Kaori. Nice to meet you. （ナガイカオリです。お会いできてうれしいです。）

Ms. Brown : Nice to meet you, Kaori. Are you a new student?
（はじめまして，カオリ。新入生ですか。）

Kaori : <u>Yes, I am.</u> I'm in Mr. Hoshino's class. （そうです。ホシノ先生のクラスです。）

Ms. Brown : You're in Mr. Hoshino's class? I see. （ホシノ先生のクラスなの。そうなの。）
Are you interested in drama? （演劇に興味はありますか。）

Kaori : <u>Yes, I am.</u> I like movies very much. （はい。映画がとても好きです。）

Ms. Brown : Do you often watch movies? （映画はよく見るのですか。）

Kaori : Yes, I do. I watch them on the Internet. （はい。インターネットで見ます。）

Ms. Brown : Wow, great. （わあ，すごいわね。）

(3)

Boy B : Hello, Ms. Brown. （ブラウン先生，こんにちは。）

Ms. Brown : Hello. Welcome to our drama club. Are you a new student?
（こんにちは。演劇部へようこそ。新入生ですか。）

Boy B : <u>Well, no. No, I'm not.</u> I'm in the second grade.
（えっ，いいえ，違います。新入生ではありません。私は2年生です。）

Ms. Brown : No problem. Are you interested in drama? （気にしないで。演劇に興味はありますか。）

Boy B : <u>Yes, I am.</u> （はい，興味あります。）

Ms. Brown : I'm happy to hear that. （うれしいわ。）

Boy B : I like drama, movies and *rakugo*.　（演劇と映画，落語も好きです。）

Ms. Brown : *Rakugo*? You're interested in *rakugo*, too?　（落語？　落語にも興味があるのですか。）

Boy B : Yes, I am. I like comedy very much.　（はい。お笑いがすごく好きです。）

Ms. Brown : I like comedy, too.　（私も好きですよ。）

Part 2 (教科書 p.43) の音声の内容

解答は p.35 にあります。

ポイント 音声の内容は次の通りです。下線部に注意して，教科書p.43の **A** ， **B** の中から，それぞれ当てはまるものを線で結びましょう。

(1)
A : Hello.　（こんにちは。）

Tina : Hello.　（こんにちは。）

A : Do you like sports?　（スポーツは好きかな。）

Tina : Yes, I do.　（はい，好きです。）

A : Do you play basketball?　（バスケットボールをするの。）

Tina : Yes, I sometimes play basketball.　（はい，ときどきバスケットボールをします。）

A : Oh, great. I'm on the school team. Let's play basketball together. Join us.
（わあ，いいね。私は学校のチームに入っているんだ。いっしょにバスケしようよ。うちのチームに入ってよ。）

Tina : But I'm in the drama club.　（でも，私は演劇部なんです。）

A : No problem. We practice on Mondays, Tuesdays, and Fridays.
（問題ないよ。練習は月曜日，火曜日，金曜日だよ。）

Tina : Mondays, Tuesdays, and Fridays?　（月曜日，火曜日，金曜日ですか。）

A : Yes.　（そうだよ。）

Tina : Sorry, I can't join your team.　（ごめんなさい，あなたのチームには入ることができないわ。）

(2)
B : Hello.　（こんにちは。）

Tina : Hello.　（こんにちは。）

B : Do you like sports?　（スポーツは好きかな。）

Tina : Yes, I do.　（はい，好きです。）

B : Are you interested in table tennis?　（卓球に興味はあるかな。）

Tina : Oh, table tennis. I love it.　（ええ，卓球ですね。大好きです。）

B : Do you play?　（卓球をすることはあるかな。）

Tina : Yes. I usually play it with my brother on Sundays.
（はい。普段は日曜日に弟といっしょにします。）

B : Oh, great. I'm on the table tennis team. Join our club.
（わあ，いいね。私は卓球部に入ってるんだ。うちのチームに入ってよ。）

Tina : But I'm in the drama club.　（でも，私は演劇部なんです。）

B : No problem. We practice on Tuesdays and Thursdays.　（問題ないよ。練習は火曜日と木曜日だよ。）

Tina : Tuesdays and Thursdays?　（火曜日と木曜日ですか。）

　B : Yes.　（そうだよ。）

Tina : Sorry, I can't join your team.　（ごめんなさい，あなたのチームには入ることができないわ。）

(3)

　C : Hello.　（こんにちは。）

Tina : Hello.　（こんにちは。）

　C : Do you like movies?　（映画は好きかな。）

Tina : Yes, I do. <u>I always watch movies at home on weekends.</u>

　　　（はい，好きです。週末はいつも家で映画を見ています。）

　C : I'm in the drama club. Join our club.　（私は演劇部に入っているの。入部してよ。）

Tina : I'm in the drama club already.　（私はもう演劇部に入っています。）

　C : Really? I didn't know that! Sorry!　（そうなの？　知らなかった。ごめんなさい。）

Tina : That's OK. <u>We practice on Tuesdays and Fridays, right?</u>

　　　（いいんです。練習は火曜日と金曜日ですよね。）

　C : That's right. Today is Monday, so see you tomorrow!

　　　（その通りだよ。今日は月曜日だから，また明日ね。）

Tina : OK. See you then!　（はい。また会いましょう。）

Part 3 (教科書 p.45) の音声の内容

ポイント　音声の内容は次の通りです。下線部に注意して，それぞれができることに○，できないことに×を表に書きましょう。

(1)

Nick : Yay! Tomorrow is Wednesday! I have calligraphy class on Wednesdays.

　　　（やったー！　明日は水曜日だよ。水曜日に書道の授業があるんだ。）

Kota : You like calligraphy, Nick? Cool.　（ニック，書道が好きなんだね，かっこいいね。）

Nick : Yes! I love using a brush and ink. And I can learn lots of *kanji*.

　　　（うん！　筆と墨を使うのが好きなんだ。漢字もたくさん覚えられるしね。）

Kota : Yeah. That's good.　（そっか。いいね。）

Nick : Kota, can you write "lemon" in *kanji*? It's so difficult!

　　　（コウタ，「レモン」って漢字で書けるの。すごく難しいよ。）

Kota : <u>No.</u> No way.　（いや。無理だよ。）

Nick : How about you, Eri? Can you write it?　（絵里はどうかな。書けるの。）

　Eri : <u>Yes, I can!</u>　（うん，書けるよ。）

Nick : Ooh! You're awesome!　（おー！　すごいね。）

　Eri : How about you, Nick? Can you write "lemon" in *kanji*?

　　　（ニック，あなたはどうなの。「レモン」って漢字で書けるの。）

Nick : Me? <u>Of course, not!</u>　（ぼく？　もちろん，書けないよ。）

Unit 2　**- 43 -**

(2)

Nick : I ate *takoyaki* for school lunch today. （今日は給食でたこ焼きを食べたよ。）

  Eri : *Takoyaki* for school lunch? That's interesting! How was it?

    （給食にたこ焼きなの。それは面白いね。どうだった。）

Nick : It was delicious. I really like it. I want to eat *takoyaki* every day.

    （おいしかったよ。気に入ったんだ。毎日，たこ焼きが食べたいよ。）

  Eri : Oh, you love it. Can you make it? （へえ，大好きなんだね。作れるの。）

Nick : Yes, I can. I made *takoyaki* with my friends. It was really fun. How about you, Eri?

    （うん，作れるよ。友達といっしょにたこ焼きを作ったんだ。すごく楽しかったよ。絵里はどうかな。）

  Eri : Well ... I can't make *takoyaki*. But my father sometimes makes it.

    （うーん……，たこ焼きは作れないな。でもお父さんがときどき作ってくれるよ。）

Nick : Great. You can learn from him. （いいね。お父さんに教えてもらえるね。）

  Eri : How about you, Kota? Can you make it? （コウタはどうなの。作れるの。）

Kota : Yes, I can. （うん，作れるよ。）

Nick : You, too? Wow! Let's have a *takoyaki* party!

    （君も？　わーい。たこ焼きパーティーしよう。）

(3)

Nick : Ahh! （あああ！）

  Eri : What's the matter? （どうしたの。）

Nick : Tomorrow's school lunch is *natto*. （明日の給食は納豆だよ。）

  Eri : You can't eat *natto*? （納豆が食べられないの。）

Nick : No, I can't. I don't like it. （食べられないよ。嫌いなんだ。）

  Eri : You don't? I love it. I eat *natto* every day.

    （嫌いなの。私は大好きだよ。納豆は毎日食べてるんだ。）

Nick : Really? Kota, do you like *natto*, too? （そうなの。コウタも納豆が好きなのかな。）

Kota : No, I don't. I can't eat it. （いや，好きじゃない。食べられないよ。）

Nick : Wow! You can't eat *natto*! You can make *Takoyaki*! We have lots in common!

    （うわぁ！　納豆が食べられない。たこ焼きが作れる。ぼくたちには共通点がたくさんあるね。）

Goal おすすめの部活動を診断しよう

Listening　Tina が Kota におすすめの部活動を診断しています。
結果を聞いて，Kota に合う部活動を書きましょう。

解答　brass band
（吹奏楽部）

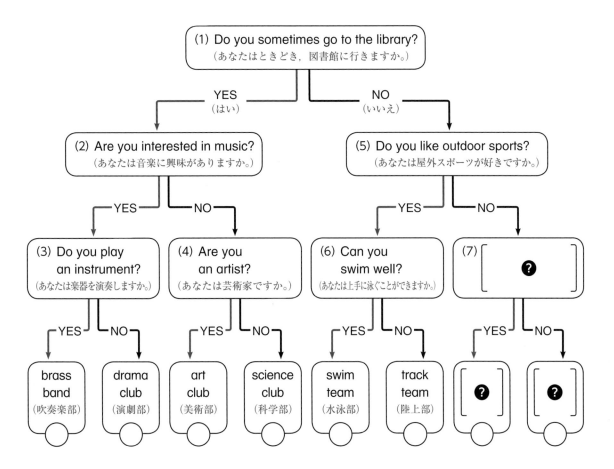

(1) Do you sometimes go to the library?
（あなたはときどき，図書館に行きますか。）

YES（はい）／ NO（いいえ）

(2) Are you interested in music?
（あなたは音楽に興味がありますか。）

(5) Do you like outdoor sports?
（あなたは屋外スポーツが好きですか。）

YES ／ NO

(3) Do you play an instrument?
（あなたは楽器を演奏しますか。）

(4) Are you an artist?
（あなたは芸術家ですか。）

(6) Can you swim well?
（あなたは上手に泳ぐことができますか。）

(7) [?]

YES ／ NO

brass band（吹奏楽部）
drama club（演劇部）
art club（美術部）
science club（科学部）
swim team（水泳部）
track team（陸上部）
[?]
[?]

Speaking　1. チャートの ? に入る質問や部活動を考えて，書きましょう。

解答例　(7) Can you cook well?
（あなたは上手に料理ができますか？）

YES ／ NO

cooking club（料理部）
shogi club（将棋部）

2. チャートを使って診断してみましょう。ペアでたずね合い，お互いの結果に ✔ を付けましょう。

Tina : Kota, here is the check test for your club activity.

（コウタ，部活動の適性診断よ。）

Please answer the questions. Are you ready?

（質問に答えてね。準備はできたかな。）

Kota : Yes. I'm ready.

（うん。できたよ。）

Tina : First question: "Do you sometimes go to the library?"

（最初の質問。「あなたはときどき，図書館に行きますか。」）

Kota : Yes, I do. I sometimes go to the library.

（はい，行きます。たまに図書館に行きます。）

Tina : OK. Question No. 2 : "Are you interested in music?"

（わかったわ。質問その2「あなたは音楽に興味がありますか。」）

Kota : Yes, I am. I am interested in music.

（はい，あります。音楽に興味があります。）

Tina : Yeah, I know. You are interested in music.

（うん，知っているよ。音楽に興味があるよね。）

Question No. 3 : "Do you play an instrument?"

（質問その3「あなたは楽器を演奏しますか。」）

Kota : Play an instrument? What does that mean?

（「Play an instrument」って，言ったの？ どういう意味かな。）

Tina : Well ... do you play the piano? Do you play the recorder?

（えっと……，あなたはピアノを弾きますか。リコーダーを吹きますか。）

Do you play the violin?

（バイオリンを弾きますか。）

Kota : Oh, I see. Yes. I play an instrument. I play the trumpet.

（ああ，わかったよ。はい。ぼくは楽器を演奏します。トランペットを演奏します。）

Tina : OK. That's all .... Ta-da! This is your club! Look at this, Kota.

（いいわ。これでおわり……。ジャジャーン！ これがおすすめの部活動。コウタ，見て。）

● New Words　**単語と語句** アクセントの位置に注意して，声に出して発音しよう。

□ **library** [láibrèri] 名 図書室，図書館

□ **interested** [íntərəstid] 形 興味 [関心] をもっている

□ *in* [in/in] 前 〔分野・限定〕～について

□ **outdoor** [áutdɔ̀ːr] 形 屋外の，屋外用の

□ **artist** [áːrtist] 名 芸術家

□ **track** [træk] 名 陸上競技

□ be interested in ～
　～に興味 [関心] をもっている

 ふり返り

CAN-DO 会話から，好みや得意なことなどを聞き取ることができる。 ▶▶CAN-DO List (L-1)

CAN-DO 好きなことや得意なことなどについて，たずね合うことができる。 ▶▶CAN-DO List (SI-1)

Unit 3

Goal

Listening
インタビューから，したいことなどを聞き取ることができる。

Speaking
夏休みにしたいことについて，アンケートを取ることができる。

夏を楽しもう
Enjoy the Summer

Summer Vacation （夏休み）

A see fireworks （花火を見る）
B climb mountains （登山をする）
C go camping （キャンプに行く）
D do my homework （宿題をする）
E visit my grandparents （祖父母のところに行く）
F go to the library （図書館へ行く）
G go to the beach （ビーチへ行く）
H try yo-yo fishing （ヨーヨー釣りをやってみる）
I go to a summer festival （夏祭りへ行く）
J go to a movie （映画を見に行く）

教科書pp.48-49の絵や写真を見て，ストーリーの話題を予測する

・ **About You** あなたは普段，夏休みに何をしますか。今年は何をしたいですか。
（例）普段はキャンプをする。今年は山でキャンプをしたい。

・Kota たちは夏休みに，何をするのでしょうか。 （例）夏祭りに行く。

ストーリーのおおまかな内容をつかむ

1. 音声を聞き，Kota たちの話に出たことを教科書pp.48-49の絵や写真の中から4つ選んで（　）に記号を書きましょう。 （ E ）（ G ）（ H ）（ I ）

2. 映像を見て，内容を確かめましょう。

● **New Words** 単語と語句 アクセントの位置に注意して，声に出して発音しよう。

□ **enjoy** [indʒɔ́i] 動 ～を楽しむ
□ **firework(s)** [fáiərwə̀ːrk(s)] 名 花火
□ **climb** [kláim] 動 ～に登る
□ **mountain(s)** [máuntən(z)] 名 山
□ **camping** [kǽmpiŋ] 名 キャンプ（すること）
□ **homework** [hóumwə̀ːrk] 名 宿題

□ **visit** [vízit] 動 （人）を訪問する，を訪ねる，（場所）へ行く
□ **grandparent(s)** [grǽndpèərənt(s)] 名 祖父，祖母，〔複数形で〕祖父母
□ **beach** [bíːtʃ] 名 浜辺，ビーチ
□ **try** [trái] 動 ～を試みる，（試しに）やってみる
□ **yo-yo** [jóujou] 名 ヨーヨー
□ **fishing** [fíʃiŋ] 名 釣り

教科書　50ページ

→ 本文の解説は p.54 にあります。

Q. Eri は，夏休みにすることについてどんな質問をしていますか。

A. （例）夏休みはどのように過ごすか。

Eri : ① What do you do during the summer vacation?
絵里：　　夏休みの間は何するの。

Tina : ② I usually visit my grandparents. ③ How about you?
ティナ：　普段は祖父母のところに行くんだ。　　　　　　　絵里はどう？

Eri : ④ I go to the beach with my family.
絵里：　　私は家族とビーチに行くよ。

Tina : ⑤ Kota, and you?
ティナ：　コウタは？

Kota : ⑥ Not much.　　⑦ I just practice the trumpet.
コウタ：　たいしたことはしないよ。ぼくはただトランペットを練習するだけだな。

Eri : ⑧ That's boring, Kota.
絵里：　　それはつまらないよ，コウタ。

Kota : ⑨ Thanks.
コウタ：　どうも。

⑩ But I also go to the Honcho Summer Festival every year.
　だけど，毎年，本町夏祭りにも行くよ。

Tina : ⑪ Sounds fun.　⑫ Let's go together.
ティナ：　楽しそう。　　　いっしょに行こうよ。

● New Words　単語と語句 アクセントの位置に注意して，声に出して発音しよう。

□ **during** [djúəriŋ]
　前〔特定の期間内〕のある時に，〜の間に

□ **vacation** [veikéiʃən]　名 休み，休暇

□ **with** [wíð]
　前〔随伴・同伴〕〜といっしょに，〜と共に

□ **family** [fǽməli]　名 家族

□ **just** [dʒʌ́st]　副 ただ〜だけ

□ *practice* [prǽktis]　動 〜を練習する

□ **boring** [bɔ́:riŋ]　形 退屈な，うんざりさせる

□ **also** [ɔ́:lsou]　副 〜もまた，さらに

□ **every** [évri]　形 毎〜，〜ごとに

□ *year* [jíər]　名 1年，年

□ **sound(s)** [sáund(z)]　動 〜に思われる

□ **fun** [fʌ́n]　名 楽しみ，おもしろみ

□ every year　毎年

Listen
Tina たちが週末の過ごし方をたずね合っています。
1. それぞれの人物と答えを，線で結びましょう。
2. 3人ですることになったものに，✔ を付けましょう。

音声の内容は pp.57-58にあります。

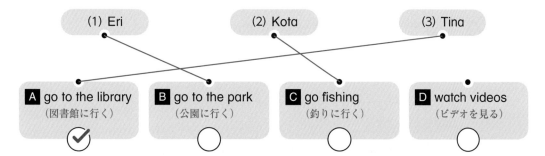

(1) Eri　　(2) Kota　　(3) Tina

A go to the library（図書館に行く）✓
B go to the park（公園に行く）
C go fishing（釣りに行く）
D watch videos（ビデオを見る）

 Speak
About You ペアになり，週末にすることをたずね合いましょう。

[例]　A : What do you do on weekends?（あなたは週末に何をしますか。）
　　　B : I usually run in the park. How about you?
　　　　（普段は公園で走ります。あなたはどうですか？）
　　　A : I usually stay home.（普段は家にいます。）
　　　　I sometimes play *igo* with my grandfather.（ときどき，祖父と囲碁をします。）

解答例　A : What do you do on weekends?（あなたは週末に何をしますか。）
　　　　B : I usually walk my dog.（普段は犬の散歩をします。）
　　　　　I sometimes surf the internet.（ときどき，ネットサーフィンをします。）

 Write
About You 自分が週末にすることを書きましょう。

解答例　I usually play the guitar.
（普段はギターを弾きます。）

Word Board
・play the guitar（ギターを弾く）
・surf the Internet（ネットサーフィンをする）
・walk my dog（犬の散歩をする）

基本文
「どんなこと」なのかをたずねる。
　　Do you visit your grandparents?（あなたは祖父母のところに行きますか。）
　　— Yes, I do. / No, I don't.（はい，行きます。／いいえ，行きません。）
What do you do during the summer vacation?（あなたは夏休みの間は何をしますか。）
— I usually **visit my grandparents**.（私は普段は祖父母のところに行きます。）

▶ Active Grammar　pp.126-127

● New Words　単語と語句 アクセントの位置に注意して，声に出して発音しよう。

□ **park** [pá:rk] 名 公園
□ *watch* [wátʃ] 動 ～をじっと見ている
□ **video(s)** [vídiòu(z)] 名 動画，ビデオ
□ **weekend(s)** [wí:kènd(z)] 名 週末
□ **stay** [stéi] 動 (場所に) とどまる
□ **home** [hóum] 副 家に [へ]
□ **grandfather** [grǽndfà:ðər] 名 祖父

□ **guitar** [gitá:r] 名 ギター
□ **surf** [sá:rf] 動 (インターネット，テレビのチャンネルなど) を見て回る
□ **Internet** [íntərnèt] 名 〔the を付けて〕インターネット
□ **walk** [wɔ́:k] 動 (動物) を散歩させる，歩かせる

教科書 52ページ

教科書二次元コード

→ 本文の解説はp.55にあります。

Q. Tina は何が好きだと言っていますか。

A. （例）踊ること。

At the Honcho Summer festival:
本町夏祭りにて：

Eri : ① Hi, Kota. ② Ta-da! ③ Do you like it?
絵里：　　ねぇ，コウタ。　ジャーン！　気に入ったかな？

Kota : ④ Wow, you look nice in *yukata*!
コウタ：　わぁ，浴衣が似合うね！

Nick : ⑤ Listen. ⑥ What's that?
ニック：　聞いて。　　あの音は何？

Eri : ⑦ *Bon-odori*. ⑧ It's a summer festival dance.
絵里：　　盆踊り。　　　夏祭りのダンスだよ。

Tina : ⑨ Really? ⑩ I like dancing.
ティナ：　本当？　　　踊るのは好き。

Kota : ⑪ Do you like dancing, Nick?
コウタ：　ニック，踊るのは好き？

Nick : ⑫ Of course.
ニック：　もちろん。

Eri : ⑬ Let's join in!
絵里：　　参加しよう！

● **New Words** 　**単語と語句**　アクセントの位置に注意して，声に出して発音しよう。

☐ **at** [ǽt/ət]　前〔地点・場所〕～に〔で〕

☐ ta-da　ジャーン

☐ **listen** [lísn]　動 聞く，耳を傾ける

☐ *dance* [dǽns]　名 ダンス，踊り

☐ **really** [ríːəli]　副 本当に，本当は

☐ **of** [ʌ́v/əv]　前〔所有・所属〕～の

☐ **course** [kɔ́ːrs]　名 進路，方針

☐ of course　もちろん，当然

今年はキャンプに行くことになった Kota が，Nick とキャンプ場のパンフレットを見て話しています。
1. Kota が好きなことに K を，Kota の両親が好きなことに P を □ に書きましょう。

➡ 音声の内容は p.59 にあります。

A watching birds（野鳥観察） K 　　**B** climbing mountains（登山） □ 　　**C** taking pictures（写真撮影） P

2. Kota が気に入ったキャンプ場に ✓ を付けましょう。

Matsukawa ◯ 　　Takeyama ◯ 　　Umegatani ✓

 About You 1. 自分の好きなことに◯を付けた後，同じことが好きな人を3人見つけて名前を書きましょう。

Do you like 〜? （あなたは〜が好きですか？）	You （あなた）	Your friends （あなたの友達）		
(1) playing badminton （バドミントンをすること）				
(2) using a computer （コンピュータを使うこと）				
(3) running （走ること）				
解答例 (4)（自分で考えて） watching a soccer game （サッカーを観戦すること）	◯	Tomo	Erika	Mami

 About You 質問した内容を1つ書きましょう。

解答例 Do you like watching a soccer game?
（あなたはサッカーを観戦することが好きですか。）

基本文
好きな活動を言ったり，たずねたりする。
I　　　like music.　（私は音楽が好きです。）
I　　　like danc**ing**.　（私は踊ることが好きです。）
Do you like danc**ing**?　（あなたは踊ることが好きですか。）

● New Words 単語と語句　アクセントの位置に注意して，声に出して発音しよう。

□ **bird(s)** [báːrd(z)] 名 鳥
□ **take** [téik] 動 （写真）を撮る → taking
□ **picture(s)** [píktʃər(z)] 名 写真
□ badminton [bǽdmintn] 名 バドミントン
□ **use** [júːz] 動 〜を使う → using
□ **computer** [kəmpjúːtər] 名 コンピュータ
□ take a picture 写真を撮る

→ 本文の解説は p.56 にあります。

Q. Nick は何がしたいと言っていますか。

A. （例）ヨーヨー釣りで，青いのを取りたい。

Nick : ① What are those?　② Balloons?
ニック：　　あれ何？　　　　　　　風船？

Kota : ③ Yeah.　④ They're like yo-yos.
コウタ：　　うん。　　　ヨーヨーみたいなものだよ。

Eri : ⑤ It's a fishing game.
絵里：　　釣りのゲームだよ。

Tina : ⑥ Do you want to try it?
ティナ：　　やってみたい？

Nick : ⑦ Yes.　⑧ I want to get that blue one.
ニック：　　うん。　　あの青いのを取りたい。

Eri, Kota, and Tina : ⑨ Go, Nick!
絵里，コウタ，ティナ：　　行け，ニック！

Nick : ⑩ Oh, no.　⑪ It's too heavy.
ニック：　　あーあ。　　　重すぎだ。

Eri : ⑫ Too bad, Nick.
絵里：　　ニック，残念だね。

Kota : ⑬ OK.　⑭ Watch me.　⑮ I'm a pro.
コウタ：　　よし。　　見ていて。　　ぼくはプロだから。

(Think)　あなたなら，Tina に日本のどんな行事を紹介したいですか。
（例）だんじり祭り

 New Words　**単語と語句**　アクセントの位置に注意して，声に出して発音しよう。

☐ **those** [ðóuz]　代 それら，あれら	☐ *one* [wʌ́n]　代 （〜な）もの[人]
☐ balloon(s) [bəlúːn(z)]　名 ゴム風船	☐ *too* [túː]　副 あまりにも，〜すぎる
☐ yeah [jéə]　間 うん，ああ，はい	☐ **heavy** [hévi]　形 重い
☐ **they** [ðéi]　代 彼（女）らは[が]，それらは[が]	☐ **OK** [óukéi]　副 わかった
☐ **get** [gét]　動 〜を得る，手に入れる	☐ pro [próu]　名 プロ，玄人，熟練者
☐ *that* [ðǽt/ðət]　形 あの，その	

Listen
夏休みになり，本町にある旅行代理店は大忙しです。
やって来たそれぞれの人物が，この夏にしたいことを線で結びましょう。　➡ 音声の内容はpp.60-61にあります。

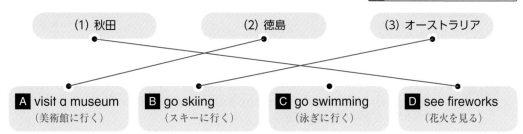

(1) 秋田　　　　(2) 徳島　　　　(3) オーストラリア

A visit a museum
（美術館に行く）

B go skiing
（スキーに行く）

C go swimming
（泳ぎに行く）

D see fireworks
（花火を見る）

 Speak
About You ペアになり，週末に行きたい場所やしたいことについてたずね合いましょう。

［例］　A : Do you want to go to an aquarium this weekend?
　　　　　（あなたは週末に水族館へ行きたいですか。）
　　　　B : Yes, I do.　（はい，行きたいです。）
　　　　A : What do you want to see?　（何を見たいですか。）
　　　　B : I want to see penguins.　（ペンギンを見たいです。）

解答例　A : Do you want to go to a cafe this weekend?
　　　　　（あなたは週末にカフェに行きたいですか。）
　　　　B : Yes, I do.　（はい，行きたいです。）
　　　　A : What do you want to eat?　（何を食べたいですか。）
　　　　B : I want to eat a cake.　（ケーキを食べたいです。）

 Write
About You 自分が週末にしたいことを書きましょう。

解答例　I want to go to a concert.
（私はコンサートに行きたいです。）

基本文

したいことを言ったり，たずねたりする。
　I　want that blue balloon.　（私はあの青い風船が欲しいです。）
　I　want **to get** that blue one.　（私はあの青いものを取りたいです。）
Do you want **to try** it?　（あなたはそれをやってみたいですか。）

◆New Words　単語と語句　アクセントの位置に注意して，声に出して発音しよう。

□ **museum** [mjuːzíːəm]　名 博物館，美術館

□ **skiing** [skíːiŋ]　名 スキー

□ **swimming** [swímiŋ]　名 水泳，泳ぐこと

□ *this* [ðís]　形 この，次の，今度の

□ aquarium [əkwéəriəm]　名 水族館

□ penguin(s) [péŋgwin(z)]　名 ペンギン

□ this weekend　この週末，今週末

Unit 3 本文の解説

Part 1

基本文

「どんなこと」なのかをたずねる。

① **Do you visit your grandparents? — Yes, I do. / No, I don't.**
（あなたは祖父母のところに行きますか。―はい, 行きます。／いいえ, 行きません。）

② **What do you do during the summer vacation?**
（あなたは夏休みの間は何をしますか。）

③ **— I usually visit my grandparents.**
（私は普段は祖父母のところに行きます。）

学習のポイント

what

② わからないものや事について「何」とたずねるときは **what** を使い, 疑問文の先頭に置きます。このような語を**疑問詞**といいます。
「**何を～しますか。**」とたずねるときは, 疑問詞 **what** を文のはじめに置き, その後に疑問文を続けます。疑問文は主語 (you) の前に **do** を置き,〈**do ＋ 主語 ＋ 動詞の原形～?**〉の形です。

③ **what** のような疑問詞で始まる疑問文には, **Yes や No では答えません。**具体的な内容を答えましょう。

本文の解説

教科書 p.50

① What do you do during the summer vacation?
「何を～しますか。」とたずねるときは, 疑問詞 What を文のはじめに置き, その後に, 疑問文を続けます。この文の動詞は do で「～する」という意味を表します。疑問文で使う do とは役割が異なります。**during** は,「**～の間ずっと**」という意味の前置詞です。

② I usually visit my grandparents.
what で始まる疑問文への答えなので, **Yes** や **No** で答えず, 具体的に答えます。**usually** は「**普通は, いつもは**」という意味の頻度を表す副詞です。

④ I go to the beach with my family.
go は, 一般動詞で,「**行く**」という意味を表し, **go to the beach** の形で「**ビーチに行く**」という意味で使われています。**with** は「**～といっしょに**」という意味の前置詞です。

⑦ I just practice the trumpet.
just は,「**ただ～だけ**」という意味の副詞で, ここでは「ただトランペットを練習するだけ」という意味です。

⑧ That's boring, Kota.
That's は **That is** の短縮形で, この文の That (それ) は, 内容からコウタの発言を指しています。

⑩ But I also go to the Honcho Summer Festival every year.
but は「**しかし**」という意味で, 前の文と反対または逆の内容を表すときに使われる接続詞です。**also** は「**～も (また)**」という意味の副詞です。**every** は「**毎～, ～ごとに**」という意味を表し, 後に続く名詞は単数形にします。every year で,「毎年」という意味です。

⑪ Sounds fun. （→教科書p.50　表現）
Sounds fun. は,「**楽しそうだね。**」という意味の表現です。

Part 2

基本文

好きな活動を言ったり，たずねたりする。

① **I   like music.**
（私は音楽が好きです。）

② **I   like dancing.**
（私は踊ることが好きです。）

③ **Do you like dancing?**
（あなたは踊ることが好きですか。）

学習のポイント

動詞の -ing形

②③ 「**dance（踊る）**」や「**run（走る）**」のような動作を，「**好きなこと，活動**」として表すときは，それぞれの動詞の語尾を **-ing** の形にします。**動詞の -ing形**にすると，「**〜すること**」という意味になり，名詞と同じような働きで使うことができます。

原形	-ing形
play	play**ing**
dance	danc**ing**
run	run**ning**

本文の解説

教科書 p.52

④ **Wow, you look nice in *yukata*!**
〈**look + 形容詞**〉の形で「**〜に見える**」の意味を表し，look nice は「すてきに見える」という意味になります。

⑥ **What's that?**
What's [What is] 〜? で，「**〜は何ですか。**」とたずねるときに使います。また，このような疑問詞で始まる疑問文は，文の終わりを下げ調子に言います。普通の疑問文との違いに注意しましょう。

⑧ **It's a summer festival dance.**
この文の **it** は *bon-odori*（盆踊り）を指しています。ニックやティナは *bon-odori* がどんなものかわからないようなので，絵里が説明を加えているのです。

⑨ **Really?**　（→教科書p.52　表現）
Really? は，驚きや感心などを表すときに使います。最後を上げ調子で言うと「**本当？**」と聞き返す言い方で，下げ調子で言うと「**へえ，そうなんだ。**」という意味になります。

⑪ **Do you like dancing, Nick?**
like は一般動詞なので，主語（you）の前に **Do** を置いて疑問文をつくります。この文では，dancing が目的語になっています。**dancing** は，**動詞の -ing形**で，「**踊ること**」という意味になります。

⑫ **Of course.**　（→教科書p.52　表現）
Of course. は「**もちろん。**」と相手に同意したり，承諾したりするときに使います。

Part 3

基本文

したいことを言ったり，たずねたりする。

① **I   want that blue balloon.**
（私はあの青い風船が欲しいです。）

② **I   want to get that blue one.**
（私はあの青いものを取りたいです。）

③ **Do you want to try it?**
（あなたはそれをやってみたいですか。）

学習のポイント

want to + 動詞の原形

② 「〜したい」というときは，**want to** を使って〈**want to + 動詞の原形**〉で表します。〈**to + 動詞の原形**〉で，「〜すること」という意味になり，名詞と同じような働きで使うことができます。

③ You want to try it. (あなたはそれをやってみたい) のような文を疑問文にするときは，主語 (you) の前に **Do** を置いて，〈**Do + 主語 + 動詞 〜?**〉の語順になります。疑問文なので文の終わりには **?** を付け，最後は上げ調子に言いましょう。

I   **want to** try it **.**   （私はそれをやってみたいです。）
↑動詞の原形。

↓主語の前に **Do** を置く。
Do you **want to** try it **?**   （あなたはそれをやってみたいですか。）

本文の解説

④ **They're like yo-yos.**
They're は They are の短縮形です。この文での **like** は，「〜のような」という意味の前置詞です。

⑥ **Do you want to try it?**
〈**want to + 動詞の原形**〉で，「〜したい」という意味を表します。**try** は「やってみる」という意味の動詞なので，**want to try** で「やってみたい」という意味になります。

⑦ **Yes.**
この文での **Yes.** は Yes, I do. を短縮した言い方です。**Do you 〜?** の疑問文に答えるときは **do** を使い，「はい」なら **Yes, I do.**，「いいえ」なら **No, I don't.** と言います。「あなたは」とたずねているので，答えるときの主語は「私は（**I**）」になることに注意しましょう。

⑧ **I want to get that blue one.**
〈**want to + 動詞の原形**〉で，「〜したい」という意味を表します。比較的遠くの人や物を指して「あれ，あちら（の）」と言うときには，that を使います。

⑩ **Oh, no.** （→教科書p.54　表現）
Oh, no. は残念な気持ちを表す表現です。

⑭ **Watch me.** （→教科書p.54　表現）
Watch me. は，「（私を）見ていて。」と相手を促す表現です。

3 音声の内容

Part 1 （教科書 p.51）の音声の内容

➡ 解答は p.49 にあります。

ポイント 音声の内容は次の通りです。下線部に注意して，それぞれの人物と答えを，線で結びましょう。
3人ですることになったものに，✔ を付けましょう。

(1)

Tina : What do you do on weekends, Eri?
　（絵里，週末は何をするの?）

Eri : I usually go to the park with my dog, Randy.　We have a nice, big park near my house.
　（普段は犬のランディといっしょに公園に行くの。家の近くに，すてきな大きい公園があるの。）

Tina : Oh, you have a dog!　What color is Randy?
　（えっ，犬を飼っているの。ランディは何色なの。）

Eri : Black and white.　He's a Japanese Shiba dog.　He's gentle and really cute!
　（黒と白。日本の柴犬なの。優しくて，本当にかわいいんだよ。）

Tina : Wow.　I want to meet him!　What do you do in the park?
　（うわー。会ってみたいな。公園では何をするの。）

Eri : We run and walk.　We sometimes play with a frisbee, too.　It's fun.
He's really good at catching it.
　（走ったり，歩いたり。ときどき，フリスビーで遊ぶこともあるわ。楽しいよ。ランディはフリスビーをキャッチするのがとても得意なの。）

Tina : Sounds nice!　I want to see that.
　（いいね。見てみたいわ。）

Eri : Please join us next time.
　（次はいっしょにしましょう。）

Tina : Can I join you?　Thanks!　Can't wait!
　（私も参加していいの。ありがとう。待ちきれないわ。）

(2)

Tina : Kota, what do you do on weekends?
　（コウタ，週末は何をするの。）

Kota : Not much.　I usually do my homework.
　（とくに何も。普段は宿題をしているよ。）

Eri : Oh, Kota, you always say that.　That's so boring.
　（もう，コウタ，いつもそう言うの。つまらないよね。）

Kota : Well ....　I sometimes go fishing with my father, too.
　（えーっと……。たまにお父さんと釣りに行くこともあるよ。）

Tina : Really?　Where do you go?
　（そうなの。どこに行くの。）

Kota : To the river.　We go by car.
　（川に行くんだ。車で行くんだよ。）

Tina : That sounds fun, too.

（それも，楽しそうね。）

Kota : Are you interested in fishing, Tina?

（ティナ，釣りに興味あるかな。）

Tina : Well ... not really.

（うーん……，あんまり。）

Kota : How about you, Eri?

（絵里はどうなの。）

Eri : No. I'm not interested in fishing. I don't want to catch fish.

（だめ。釣りに興味ないよ。魚をつかまえたいとも思わないし。）

Kota : I see.

（そうなんだ。）

(3)

Kota : How about you? What do you do, Tina?

（君はどうなの。ティナは何をするの。）

Tina : I often go to the library on weekends.

（週末によく図書館に行くよ。）

Kota : You go to the library? What do you do there? Do you watch videos?

（図書館に行くんだね。そこで何をしているの。ビデオを見るのかな。）

Tina : No, I don t. I read books.

（ううん，見ないよ。本を読むの。）

Kota : Books? What kind of books do you read?

（本？　どんな本を読むんだい。）

Tina : I like Japanese comics.

（日本の漫画が好きなんだ。）

Kota : Japanese comics? Why?

（日本の漫画？　どうして。）

Tina : Well, I can learn *kanji* from them.

（漢字を覚えられるからね。）

Kota : Cool! Wow!　（かっこいい！　うわー！）

Tina : Do you want to come with me sometime?

（今度いっしょに行かないかな。）

Kota : Yes. I like reading.

（いいね。ぼくも読書が好きなんだ。）

Eri : I want to go with you, too.

（私もいっしょに行きたいわ。）

Tina : OK. Let's all go together next time.

（いいよ。次はみんなで行こうよ。）

➡ 解答はp.51にあります。

ポイント 音声の内容は次の通りです。下線部に注意して，Kota が好きなことに K を，Kota の両親が好きなことに P を □ に書きましょう。Kota が気に入ったキャンプ場に ✔ を付けましょう。

Nick : Kota, what do you have there?

（コウタ，何を持っているの。）

Kota : It's a guidebook about campsites. This summer, I want to go camping with my parents.

（キャンプ場のガイドブックだよ。今年の夏は，両親といっしょにキャンプに行きたいんだ。）

Nick : That's nice. Can I see?

（それはいいね。見てもいいかな。）

Kota : Sure.

（もちろん。）

Nick : Oh, I like this picture. It's beautiful.

（あ，この写真いいね。きれいだな。）

Kota : That's Matsukawa Campsite. You can go climbing and cycling there.

（松川キャンプ場だよ。登山やサイクリングができるんだ。）

Nick : Do you often go there?

（よく行くの。）

Kota : Well, no. I don't like climbing mountains. It's hard for me. I like watching birds.

（いや，行かないよ。登山は好きではないんだ。ぼくには難しいな。鳥を見るのが好きなんだ。）

Nick : Oh, I see. Hmm ... how about going to this campsite? You like music, right? They have a campfire at night. You can enjoy dancing and singing. It's ....

（なるほど。ふむ……，このキャンプ場に行くのはどうかな。音楽が好きなんでしょ。夜はキャンプファイヤーをして。踊ったり歌ったりして楽しめる。それができるのは……。）

Kota : That's Takeyama Campsite. Thanks, Nick, but we want to go fishing in the morning. We go to bed early.

（竹山キャンプ場だね。ありがとう，ニック，だけど，朝は釣りに行きたいんだ。早めに寝るよ。）

Nick : Oh, fishing. That's right. Then how about this?

（ああ，釣りか。そうだね。じゃあ，ここはどうかな。）

Kota : Umegatani Campsite?

（梅ヶ谷キャンプ場？）

Nick : Yes. It's near the river. You can go fishing, and you can see fields of flowers.

（そう。川の近くだよ。釣りもできるし，花畑も見ることができるよ。）

Kota : Yeah, Nick, that's a good idea. My parents like taking pictures of flowers very much.

（うん，ニック，それはいいね。ぼくの両親は花の写真を撮るのがとても好きなんだ。）

Nick : I'm glad you like it, Kota.

（気に入ってくれてうれしいな，コウタ。）

ポイント 音声の内容は次の通りです。下線部に注意して，やって来たそれぞれの人物が，この夏にしたいことを線で結びましょう。

(1)

Travel Agency : May I help you?

（何かご用ですか。）

Woman A : Yes, please. I want to go somewhere this summer.

（はい。今年の夏はどこかに行きたくて。）

Travel Agency : Do you want to go abroad?

（海外に行きたいですか。）

Woman A : No. I want to go somewhere in Japan.

（いいえ。日本国内がいいですね。）

Travel Agency : What do you want to do?

（何をしたいですか。）

Woman A : I want to see fireworks.

（花火を見たいです。）

Travel Agency : You want to see fireworks. I see. How about going to Akita?
You can see fireworks at the Omagari Fireworks Festival. In Akita,
there are some very nice hot springs, too.

（花火を見たいんですね。なるほど。じゃあ，秋田に行くのはどうですか。大曲花火大会で花
火を見ることができます。秋田には，とてもいい温泉もあるんですよ。）

Woman A : That sounds nice. I really like hot springs. Yes. I want to go to Akita.

（いいですね。私，本当に温泉が好きなんです。ええ。秋田に行きたいです。）

(2)

Travel Agency : May I help you?

（何かご用ですか。）

Man : Yes, please. I want to take a trip with my family this summer.

（はい。今年の夏は家族で旅行に行きたいんです。）

Travel Agency : Where do you want to go?

（どこに行きたいですか。）

Man : We want to go to Tokushima.

（徳島に行きたいんです。）

Travel Agency : You want to go to Tokushima. I see. Do you want to see the famous
awa-odori?

（徳島ですね。わかりました。有名な阿波踊りを見物されますか。）

Man : No. It's really interesting, but we saw it last year.

（いいえ。いいものですけど，去年見たんですよ。）

Travel Agency : So, what do you want to do this summer?

（そうですか，今年の夏は何をされたいですか。）

Man : <u>We want to visit a museum.</u>

（美術館に行きたいですね。）

Travel Agency : Oh, do you want to visit the museum in Naruto?

（ああ，鳴門の美術館に行きたいんですね。）

Man : Yes. That's it.

（はい。そうです。）

(3)

Travel Agency : May I help you?

（何かご用ですか。）

Woman B : Yes, please. I want to take a trip this summer.

（はい。今年の夏は旅行に行きたいんです。）

Travel Agency : Do you want to go abroad?

（海外に行きたいですか。）

Woman B : Yes. I want to go to Australia.

（はい。オーストラリアに行きたいです。）

Travel Agency : You want to go to Australia. I see. What do you want to do there?

Do you want to go swimming or whale watching?

（オーストラリアですね。かしこまりました。そこで何をしたいですか。海水浴やホエールウォッ

チングですか。）

Woman B : No. <u>I want to go skiing.</u>

（いいえ。スキーがしたいんです。）

Travel Agency : Skiing?

（スキーですか。）

Woman B : Yes. It's winter in Australia then, right?

（はい。その頃，オーストラリアは冬ですよね。）

Travel Agency : Yes, that's right. It's a good time to go for skiing in Australia.

They have some good places for skiing.

（はい，そのとおりです。オーストラリアは，スキーをするのにいい時期です。いいスキー場

がいくつかあります。）

Woman B : Great.

（すばらしいわ。）

Unit 3 Goal 夏休みにしたいことのアンケートを取ろう

Listening　1. Tina が学級新聞の取材のために，体育の先生の Mr. Hoshino にインタビューしています。会話に出てきた順に，□ に番号を書きましょう。

2. Mr. Hoshino のしたいこと全てに ✔ を付けましょう。

✔ eat *ramen*（ラーメンを食べること）**3**　　◯ go camping（キャンプに行くこと）**2**　　✔ go to Nagano（長野に行くこと）**1**　　✔ see flowers（花を見ること）**4**

Speaking　1. グループになり，夏休みにしたいことについてのアンケートを取りましょう。

解答例	Name　（名前）	したいこと
	Kana	see fireworks　（花火を見ること）

2. 結果をふり返りましょう。今年の夏，あなたのグループでは，インドア派とアウトドア派のどちらが多いでしょうか。

▶ Your Coach 3　p.184

ポイント　音声の内容は次の通りです。

Tina : Excuse me, Mr. Hoshino. Do you have a minute?
（ホシノ先生，失礼します。少しお時間はありますか？）

I want to ask you some questions.
（ちょっとお聞きしたいことがあるんですが。）

Mr. Hoshino : Sure. Go ahead.
（いいよ。どうぞ。）

Tina : What do you want to do this summer?
（この夏は何をする予定ですか。）

Mr. Hoshino : I want to go to Nagano. I want to climb Yatsugatake mountains this summer.
（長野に行く予定だよ。今年の夏は八ヶ岳に登りたいんだ。）

Tina : Yatsugatake Mountains?
（八ヶ岳ですか。）

Mr. Hoshino : Yes. They are wonderful!
（そう。八ヶ岳はすばらしいよ。）

Tina : What's wonderful about them?
（どんなところがすばらしいんでしょう。）

Mr. Hoshino : You can enjoy fantastic views from the top of the mountains.

（山頂からすばらしい景色を楽しめるよ。）

You can see so many stars at night.

（夜にはたくさんの星を見ることができる。）

You can enjoy hot springs, too. I love the mountains!

（温泉も楽しめるし。八ヶ岳が大好きなんだ。）

Tina : Wow! You'll have lots of fun. Let me see.

（うわぁ。たくさん楽しめますね。えーっと。）

Do you want to go camping at Yatsugatake mountains?

（八ヶ岳でキャンプをしますか。）

Mr. Hoshino : No, I don't. I can't sleep very well in a tent.

（いや，しないよ。テントの中ではなかなか寝つけないんだ。）

Tina : Oh. You don't like sleeping in a tent? I see. Anything else?

（ああ。テントの中で寝るのが嫌なんですね。わかります。ほかに何かありますか。）

Mr. Hoshino : Well ... I want to eat *ramen* at the top of the mountain.

（そうだなあ……，山の上でラーメンが食べたいな。）

And I want to see flowers.

（あと，花が見たいな。）

Tina : Flowers?

（花ですか。）

Mr. Hoshino : Yes. You can see so many beautiful flowers in the mountains.

（そう。八ヶ岳では，とてもきれいな花をたくさん見ることができるよ。）

I really love to see the flowers there.

（そこの花を見るのが本当に大好きなんだ。）

Tina : You like flowers! I didn't know that. I like flowers, too.

（花が好きなんですね。知らなかったです。私も花は好きです。）

Anyway, enjoy your summer, Mr. Hoshino.

（とにかく，ホシノ先生，夏を楽しんでください。）

●◆ New Words　**単語と語句**　アクセントの位置に注意して，声に出して発音しよう。

□ **anything** [éniθìŋ]　代　〔疑問文で〕何か，どれでも

□ **else** [éls]　副　（追加して）そのほかに〔の〕

□ **flower(s)** [fláuər(z)]　名　花

□ Anything else?　ほかに何かありますか。

 ふり返り　CAN-DO　インタビューから，したいことなどを聞き取ることができる。　▶▶CAN-DO List (L-1)

CAN-DO　夏休みにしたいことについて，アンケートを取ることができる。　▶▶CAN-DO List (SI-1)

世界の中学生
世界の挨拶や，中学生の生活の様子を知ろう

(1) **the U.K.** （イギリス） Caitlin （ケイトリン）	(2) **Argentina** （アルゼンチン） Franco （フランコ）	(3) **Nepal** （ネパール） Aarati （アラティ）	(4) **Romania** （ルーマニア） Andra （アンドラ）

世界の中学生にインタビューをしています。
下の2つの質問の答えを **A** ～ **H** から選び，表に記号を書きましょう。

	(1)	(2)	(3)	(4)
How do you go to school?　（どのように学校へ通っていますか。）	A	A, D	D	B
How many pets do you have?　（ペットは何匹飼っていますか。）	F	F	F	E

A by car　（車で）　　**B** by subway　（地下鉄で）　　**C** on foot　（徒歩で）　　**D** by bus　（バスで）
E 1　　　　　　　　　**F** 2　　　　　　　　　　　**G** 3　　　　　　　　　　**H** 4

Think　世界の中学生のどんな話が印象に残りましたか。

（例）Aarati の家では，たくさんの動物を飼っている話。

New Words　**単語と語句**　アクセントの位置に注意して，声に出して発音しよう。

- ☐ the U.K. [ðə júːkéi]　名〔the を付けて〕イギリス
- ☐ Argentina [àːrdʒəntíːnə]　名 アルゼンチン
- ☐ Nepal [nəpɔ́ːl]　名 ネパール
- ☐ Romania [rouméiniə]　名 ルーマニア
- ☐ *how* [háu]　副〔方法〕どのようにして
- ☐ **school** [skúːl]　名 学校，校舎
- ☐ *how* [háu]　副〔程度〕どれほど，どれくらい
- ☐ **many** [méni]　形 多くの，たくさんの
- ☐ **pet(s)** [pét(s)]　名 ペット
- ☐ **have** [hǽv/əv]　動（友人・親類など）がいる，（動物）を飼う

- ☐ *by* [bái]　前〔手段・方法〕～によって，～を使って
- ☐ **car** [káːr]　名 車，自動車
- ☐ **subway** [sʌ́bwèi]　名 地下鉄
- ☐ *on* [án]　前〔手段・器具〕～によって，～で
- ☐ **foot** [fút]　名 足〔くるぶし以下の部分〕
- ☐ **bus** [bʌ́s]　名 バス
- ☐ How many ~?　いくつの～。
- ☐ on foot　徒歩で

ポイント　音声の内容は次の通りです。

(1)　*Caitlin :*　Hello, my name is Caitlin. My friends call me Cat. I live in Canterbury, in the U.K. I'm 12 years old. I like field hockey. I'm good at singing. I'm a member of the School Chapel Choir. My favorite foods are red currants and strawberries.

（ハロー〈こんにちは〉，私の名前はケイトリンです。友達にはキャットとよばれています。イギリスのカンタベリーに住んでいます。12歳です。フィールドホッケーが好きです。歌が得意です。私はスクールチャペル合唱団のメンバーです。好きな食べ物はレッドカレントとイチゴです。）

Interviewer : Hi, Caitlin.　How do you go to school?
（こんにちは，ケイトリン。どのように学校へ通っていますか。）

Caitlin : I go to school by car.　（車で通っています。）

Interviewer : What is your favorite subject?　（好きな教科は何ですか。）

Caitlin : I like history and art.　I also have design technology class.
（歴史と美術が好きです。あと，デザイン・テクノロジーの授業も受けています。）
It's interesting.　（面白いですよ。）

Interviewer : Sounds like fun.　Do you have any pets?
（楽しそうですね。ペットは飼っていますか。）

Caitlin : Yes!　（はい！）

Interviewer : How many pets do you have?　（ペットは何匹飼っていますか。）

Caitlin : I have two pets, a cat and a dog.　I really like cats!
（ペットは2匹で，ネコと犬を飼っています。本当にネコが好きなの。）

Interviewer : OK, thank you for today.　Bye-bye.　（OK, 今日はありがとうございました。バイバイ。）

Caitlin : Bye-bye!　（バイバイ〈さようなら〉。）

(2) *Franco :* *Hola.*　My name is Franco.　I live in Rosario, Argentina.　Rosario is the hometown of Messi, the famous football player.　I'm 14 years old.　I like long jump.　I'm good at playing the violin.　My favorite food is Asado, Argentine Barbecue.
（オラ〈こんにちは〉。私の名前はフランコです。アルゼンチンのロサリオに住んでいます。ロサリオは有名なサッカー選手のメッシの故郷です。私は14歳です。走り幅跳びが好きです。バイオリンの演奏が得意です。好きな食べ物は，アサードという，アルゼンチンのバーベキューです。）

Interviewer : Hi, Franco.　How do you go to school?
（こんにちは，フランコ。どのように学校へ通っていますか。）

Franco : I go to school by car or by bus.　（車かバスで通っています。）

Interviewer : What is your favorite subject?　（好きな教科は何ですか。）

Franco : My favorite school subjects are math, art, and history.
（好きな教科は数学，美術，歴史です。）

Interviewer : Good.　Do you have any pets?　（いいわね。ペットを飼っていますか。）

Franco : Yes.　（はい，飼っています。）

Interviewer : Oh, you have pets.　How many pets do you have?
（まあ，ペットを飼っているんですね。ペットは何匹飼っていますか。）

Franco : I have two cats, Luri and Lupe.　（ルリとルペという2匹のネコを飼っています。）

Interviewer : OK, thank you for today.　Bye-bye.　（OK, 今日はありがとうございました。バイバイ。）

Franco : *Adios.*　（アディオス〈さようなら〉。）

(3) *Aarati* : *Namaste*, I'm Aarati. I'm from Nepal. I live in Pokhara. I'm 14 years old. I like badminton. I'm good at dancing and drawing. My favorite food is Dalbhat. We eat it every day.

（ナマステ〈こんにちは〉，私はアラティです。ネパール出身です。ポカラに住んでいます。14歳です。バドミントンが好きです。私はダンスと絵を描くのが得意です。好きな食べ物はダルバートです。毎日食べます。）

Interviewer : Hi, Aarati. How do you go to school?
（こんにちは，アラティ。どのように学校へ通っていますか。）

Aarati : I go to school by school bus.　（スクールバスで通っています。）

Interviewer : What is your favorite subject?　（好きな教科は何ですか。）

Aarati : I like English and science.　（英語と理科です。）

Interviewer : I see. Do you have any pets?　（そうなんですね。ペットを飼っていますか。）

Aarati : Yes!　（はい，飼っています！）

Interviewer : Oh, you have pets. How many pets do you have?
（まあ，ペットを飼っているんですね。ペットは何匹飼っていますか。）

Aarati : I have two pets, a cat and a dog.　（ネコと犬の2匹です。）
I also have farm animals, two buffalos and six goats.
（ほかには，家畜も飼っていて，バッファロー2頭とヤギ6頭がいます。）

Interviewer : OK, thank you for today. Bye-bye.　（OK，今日はありがとうございました。バイバイ。）

Aarati : *Jaaun hai.*　（ザウハイ〈さようなら〉。）

(4) *Andra* : *Salut*. I'm Andra. Call me Andrix. I'm from Romania. I live in Bucharest. I'm 14 years old. I like ice skating. I'm good at dancing. My favorite food is Sarmale. It's delicious.

（サルットゥ〈こんにちは〉。アンドラです。アンドリックスとよんでください。ルーマニア出身です。ブカレストに住んでいます。14歳です。アイススケートが好きです。ダンスが得意です。好きな食べ物はサルマーレです。おいしいんですよ。）

Interviewer : Hi, Andrix. How do you go to school?
（こんにちは，アンドリックス。どのように学校へ通っていますか。）

Andra : I go to school by subway.　（地下鉄で通っています。）

Interviewer : I see. What is your favorite subject?　（そう。好きな教科は何ですか。）

Andra : My favorite school subjects are English and history.　（英語と歴史です。）
I also study Japanese.　（日本語も勉強しています。）

Interviewer : Good. Do you have any pets?　（いいですね。ペットを飼っていますか。）

Andra : Yes!　（はい，飼っています！）

Interviewer : Oh, you have pets.　（まあ，ペットを飼っているんですね。）
How many pets do you have?　（ペットは何匹飼っていますか。）

Andra : I have a parrot. Its name is Pako.　（オウムを飼っています。名前はパコです。）

Interviewer : OK, thank you for today. Bye-bye.　（OK，今日はありがとうございました。バイバイ。）

Andra : *Ciao!*　（チャオ〈さようなら〉。）

am, are / 一般動詞 / can （自分と相手のことを伝える言い方）

● 場面と意味

Tina : Hello. I'm Tina. （こんにちは。私はティナです。）
I'm from New York. （私はニューヨーク出身です。）
I like music and sports. （私は音楽とスポーツが好きです。）
I can swim and play the drums. （私は水泳とドラムの演奏ができます。）

Think （例）転校してきて，自己紹介をしている。

● 文の形

1　am, are 〈be動詞〉　　　▶ Unit 1-1　2-1

肯定文
I　am　a new student.
（私は新入生です。）
You　are　a new student.
（あなたは新入生です。）

疑問文
Are　you　a new student?
（あなたは新入生ですか。）
— Yes, **I am**. / No, **I am not**.
（はい，そうです。／いいえ，違います。）

否定文
I　am　not a new student.
（私は新入生ではありません。）

は	主語
は	動詞

を表します。

▶ 主語と be動詞

I	am
you	are

▶ 短縮形

I am	I'm
you are	you're
are not	aren't

肯定文は〈主語 + 動詞〉の順に，疑問文は〈動詞 + 主語〉の順になります。
否定文は，am, are, is の後に not を置きます。

オットー先生： Hello. I'm Mr. Otto. I'm a soccer fan.
（こんにちは。私はオットーです。サッカーファンです。）
Kakapo, are you a soccer fan?
（カカポ，あなたはサッカーファンですか。）
カカポ： No, I'm not. I'm a music fan.
（いいえ，違います。私は音楽ファンです。）

Grammar Hunt Unit 1，2 のストーリーを読み，am, are とその短縮形を○で囲みましょう。
また，それぞれの文の主語を確かめましょう。

解答例 Unit 1　Part 1
Tina : I'm lost.
Eri : I'm a student there.
Tina : Thanks. I'm Tina.
Eri : I'm Eri. Nice to meet you.
Kota : I'm Kotaro. Call me Kota.　　主語はすべて I

2　be動詞以外の動詞　〈一般動詞〉　▶ Unit 1-2　2-2

肯定文	◁ I ▷	**play**	the trumpet.

（私はトランペットを演奏します。）

疑問文	**Do** ◁ you ▷	**play**	the piano**?**

（あなたはピアノを弾きますか。）

— Yes, I **do.** / No, I **do not.**

（はい, 弾きます。／いいえ, 弾きません。）

否定文	◁ I ▷ **do not**	**play**	the piano.

（私はピアノを弾きません。）

▶ 短縮形

do not	**don't**

肯定文は〈主語 + 動詞〉の順に，疑問文は〈Do + 主語 + 動詞 +〜?〉の順に，否定文は〈主語 + don't + 動詞〉の順になります。

＊否定文のとき，be動詞と一般動詞では，not を置く位置が違うので注意しましょう。

オットー先生 ： Do you like music, Kakapo?　（カカポ, あなたは音楽が好きですか。）

カカポ ： Yes, of course. I like dancing, too.　（はい, もちろんです。私は踊ることも好きです。）

Grammar Hunt　Unit 2，3 のストーリーを読み，一般動詞を○で囲みましょう。
また，それぞれの文がどんな内容を伝えているかを確かめましょう。

解答例　Unit 2　Part 2

Mr. Utada : Do you (play) an instrument?

Kota : Yes, I do. I (play) the trumpet a little.

Mr. Utada : We usually (practice) on Mondays, Wednesdays, and Fridays.　p.34参照。

3　can　〈助動詞〉　▶ Unit 1-3　2-3

肯定文	◁ I ▷ **can**	**play**	the trumpet.

（私はトランペットを演奏できます。）

疑問文	**Can** ◁ you ▷	**play**	the drums**?**

（あなたはドラムを演奏できますか。）

— Yes, I **can.** / No, I **cannot.**

（はい, できます。／いいえ, できません。）

否定文	◁ I ▷ **cannot**	**play**	the drums.

（私はドラムを演奏できません。）

▶ 短縮形

cannot	**can't**

肯定文は，動詞の前に can を置きます。動詞は原形にします。

疑問文は，Can を主語の前に置きます。動詞は原形にします。

否定文は，動詞の前に cannot [can't] を置きます。動詞は原形にします。

Grammar Hunt　Unit 1，2 のストーリーを読み，can，can't を○で囲みましょう。
また，それぞれの文がどんな内容を伝えているかを確かめましょう。

解答例　Unit 1　Part 3

Tina : Hello. I'm Tina. I'm from New York. I like music and sports.
I (can) swim and play the drums.

Eri : I (can't) play the drums, but I (can) play the piano.　p.20参照。

あなたは，誰かの自己紹介を聞くとき，どんなことに興味をもって聞いていますか。
相手と自分の共通点や相手の新たな一面を見つけることで，お互いに前向きに関わる
気持ちが生まれます。改めて，自分のことを伝えてみましょう。

Reading　国際交流サマーキャンプで同じグループになった6人のプロフィールを読みましょう。
誰と誰にどのような共通点・相違点があるでしょうか。

解答例　趣味が読書としているのは，Raj，Maria，Shigeru。Raj と Shigeru は誕生日が同じ。
趣味は誰もがほかの人と違うものを1つは挙げている。

Raj （ラージ）	**From** （出身）	India （インド）
	Birthday （誕生日）	February 4 （2月4日）
	Hobby （趣味）	taking pictures, reading books （写真を撮ること，読書）

I like listening to music. （音楽を聞くのが好きです。）
My favorite music is classical music. （好きな音楽はクラシックです。）

Chiaki （チアキ）	**From**	Japan （日本）
	Birthday	August 4 （8月4日）
	Hobby	singing karaoke, playing soccer （カラオケで歌うこと，サッカーをすること）

Hi, everyone! I like talking to people. （みなさん，こんにちは。私は人と話すことが好きです。）
I want to make friends all over the world. （私は世界中の人と友達になりたいです。）

Haolan （ハオラン）	**From**	China （中国）
	Birthday	June 21 （6月21日）
	Hobby	surfing the Internet, playing chess （ネットサーフィン，チェスをすること）

I want to travel all over the world! （世界中を旅行したいです！）
I want to go to Japan first. （まずは日本に行きたいです。）

Sophie （ソフィー）	**From**	France （フランス）
	Birthday	July 31 （7月31日）
	Hobby	skiing, playing the piano, visiting museums （スキーをすること，ピアノを弾くこと，美術館巡り）

Hi, everyone. I don't talk so much, but I'm good at listening.
（みなさん，こんにちは。私はおしゃべりではないけれど，話を聞くのは得意です。）
I like cats. I have 3 cats at home. （ネコが好きです。家で3匹のネコを飼っています。）

Maria （マリア）	**From**	the Philippines （フィリピン）
	Birthday	September 20 （9月20日）
	Hobby	reading books, swimming （読書，水泳）

I like animals. I want to be a vet in the future. （動物が好きです。将来は獣医になりたいです。）
I have a dog. My dog's name is Lucy. （犬を飼っています。犬の名前はルーシーです。）

Shigeru (シゲル)	**From**	Japan （日本）
	Birthday	February 4 （2月4日）
	Hobby	reading books, playing *shogi* （読書，将棋）
	Do you play *shogi*? It's Japanese chess. （あなたは将棋をしますか。将棋は日本のチェスです。） I want to be a *shogi* player in the future. （将来，棋士になりたいです。）	

● New Words　単語と語句　アクセントの位置に注意して，声に出して発音しよう。

☐ hobby [hάbi]　图 趣味

☐ **favorite** [féivərit]
　　形 お気に入りの，いちばん好きな

　classical music　クラッシック音楽

☐ **sing(ing)** [síŋ(iŋ)]　動 〜を歌う

☐ **talk(ing)** [tɔ́ːk(iŋ)]　動 しゃべる，話をする

☐ *to* [túː/tə]　前 〔相手・対象を示して〕〜に[へ]，〜に対して

☐ **people** [píːpl]　图 〔複数扱い〕人々

☐ **all** [ɔ́ːl]　副 まったく，すっかり

☐ **over** [óuvər]　前 〜中を，〜の方々に

☐ **world** [wə́ːrld]　图 世界

☐ **travel** [trǽvəl]　動 旅行する

☐ **Japanese** [dʒæpəníːz]
　　形 日本の，日本人の，日本語の

☐ chess [tʃés]　图 チェス，西洋将棋

☐ *first* [fə́ːrst]　副 まず第一に，まず最初に，1番目に

☐ *good* [gúd]　形 上手な，うまい

☐ *at* [ǽt/ət]　前 〔優劣などを表す言葉とともに〕〜の点で，〜において，〜に関して

☐ *home* [hóum]　图 家・自宅

☐ the Philippines [ðə fíləpìːnz]
　　图 〔the を付けて〕フィリピン

☐ **animal(s)** [ǽnəməl(z)]　图 動物

☐ **be** [bíː/bi]　動 〔am, is, are の原形〕〜である，〜になる，（〜に）ある，（〜に）いる

☐ vet [vét]　图 獣医

☐ *in* [in/in]　前 〔期間〕〜のうちに，〜の間に

☐ **future** [fjúːtʃər]　图 未来，将来

　shogi player　棋士

☐ listen to 〜　〜を聞く，〜に耳を傾ける

☐ talk to 〜　〜と話をする，〜に話しかける

☐ all over the world　世界中の [で]

☐ be good at 〜　〜が上手だ，うまい

☐ at home　家に [で]

☐ in the future　将来(において)，今後，これから先

Thinking　6人の中で，あなたと何らかの共通点や相違点がある人がいたでしょうか。
自己紹介で相手に興味をもってもらうには，どんなことを話題にするのがよいか考えましょう。
　解答例　話題は，好きなこと，得意なことなど，みんなが親しみやすいことがよい。

Speaking　グループになって自己紹介をし合い，お互いの共通点・相違点を見つけましょう。
あなたは誰とどんな点が同じ，あるいは違うかをメモしましょう。

	誰	同じ	違う
[例]	Osamu （オサム）	playing soccer （サッカーをすること）	reading books （読書）
解答例	Kana （カナ）	taking pictures （写真を撮ること）	swimming （水泳）

ふり返り　自己紹介でお互いの共通点・相違点を見つけることができるかな。

✓ まだできない　　✓ 助けがあればできる　　✓ ひとりでできる　　✓ 自信をもってできる

CAN-DO List (R-1) (SP-1)

Unit 4

Listening

人物紹介から，基本的な情報を聞き取ることができる。

Speaking

身近な人などについて，基本的な情報を紹介することができる。

新しい友達
Our New Friend

教科書pp.62-63の絵を見て，ストーリーの話題を予測する

- **About You** あなたには，友達や先生に紹介したい人はいますか。それは誰ですか。

  （例）姉

- Kota は転校生に誰を紹介するでしょうか。

  （例）ホシノ先生，ブラウン先生，ティナ，絵里

ストーリーのおおまかな内容をつかむ

1. 音声を聞き，Kota が紹介した人を教科書pp.62-63の絵の中から選んで，（　）に記号を書きましょう。

   （ H ）　　（ F ）　　（ A ）

2. 映像を見て，内容を確かめましょう。

Word Board

- art　（美術）
- English　（英語）
- Japanese　（国語）
- math　（数学）
- music　（音楽）
- P.E.　（体育）
- science　（理科）
- social studies　（社会）

● **New Words**　**単語と語句**　アクセントの位置に注意して，声に出して発音しよう。

□ **our** [áuər/ɑːr]　代 私たちの，我々の

□ **teacher(s)** [tíːtʃər(z)]　名 教師，先生

□ **English** [íŋɡliʃ]　名 英語〔言語・教科〕

□ **P.E.** [píːíː]　名 体育〔教科〕

□ *Japanese* [dʒæpəníːz]
　名 日本語〔言語〕，国語〔教科〕

□ **social studies** [sóuʃəl stʌ̀diz]
　名 〔単数扱い〕社会科〔教科〕

Unit 4 **Part 1** どんな先生がいるかな

教科書 64ページ
教科書二次元コード

➡ 本文の解説は p.78 にあります。

Listen and Read

Q. Kota は先生たちをどのように紹介しているでしょうか。

A. （例）教科や，コウタが先生の授業をどう思っているかを紹介。
ホシノ先生は，体育。厳しいが，授業は楽しい。
ブラウン先生は，英語。授業は面白い。

Hajin : ① Hello, I'm Hajin. ② I'm from Korea.
ハジン： こんにちは，ハジンです。 韓国出身です。

Kota : ③ Hi, nice to meet you. ④ Call me Kota.
コウタ： こんにちは，はじめまして。 コウタってよんでね。

Kota : ⑤ That's Mr. Hoshino. ⑥ He's our P.E. teacher.
コウタ： あちらはホシノ先生。 ぼくらの体育の先生だよ。

⑦ He's strict, but his class is fun. ⑧ So he's popular.
厳しいけど，授業は楽しいよ。 だから人気なんだ。

Hajin : ⑨ I see.
ハジン： そうなんだ。

Kota : ⑩ That's Ms. Brown. ⑪ She's our English teacher.
コウタ： あちらはブラウン先生。 英語の先生だよ。

⑫ Her class is interesting.
先生の授業は面白いよ。

Hajin : ⑬ I can't wait.
ハジン： 待ちきれないな。

● New Words **単語と語句** アクセントの位置に注意して，声に出して発音しよう。

□ **Korea** [kəríːə] 名 韓国

□ **he** [híː/i] 代 彼は，彼が

□ **strict** [stríkt] 形 厳しい，厳格な

□ **his** [híz/iz] 代 彼の

□ **class** [klǽs] 名 授業

□ *so* [sóu/sə] 接 それで，だから

□ **popular** [pápjulər] 形 人気のある

□ **her** [háːr/ər] 代 彼女の

□ **interesting** [íntərəstin] 形 興味を引き起こす，面白い

□ **wait** [wéit] 動 待つ

- 72 -

Tina がお父さん (Mr. Rios) に写真を見せながら，先生たちの紹介をしています。
それぞれの先生に当てはまる情報を，線で結びましょう。

➡ 音声の内容はpp.81-82にあります。

| (1) Mr. Hara | (2) Ms. Ogawa | (3) Mr. Sasaki |

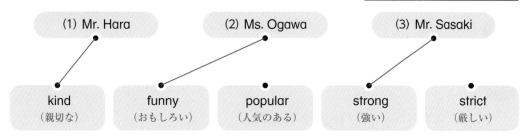

| kind （親切な） | funny （おもしろい） | popular （人気のある） | strong （強い） | strict （厳しい） |

 教科書pp.62-63の先生から1人を選び，どんな先生かを考えましょう。
その後，教科書を見せながら，ペアで紹介し合いましょう。

[例]　This is Ms. Brown.
（こちらはブラウン先生です。）
She's an English teacher.
（彼女は英語の先生です。）
She's friendly.
（彼女は友好的な人です。）

解答例　This is Mr. Utada.
（こちらはウタダ先生です。）
He's a music teacher.
（彼は音楽の先生です。）
He's popular.
（彼は人気があります。）

 紹介した先生について書きましょう。

Speak の解答例参照。

基本文

自分と相手以外の人について言う。
This is Ms. Brown.　**She's** an English teacher.
（こちらはブラウン先生です。彼女は英語の先生です。）
That's Mr. Hoshino. **He's** our P.E. teacher.
（あちらはホシノ先生です。彼は体育の先生です。）

▶ Active Grammar　pp.120-121

● New Words　単語と語句　アクセントの位置に注意して，声に出して発音しよう。

□ **kind** [káind]　形 親切な，思いやりのある

□ **funny** [fʌ́ni]　形 おかしい，おもしろい

□ **strong** [strɔ́ːŋ]　形 強い，たくましい

□ **friendly** [fréndli]　形 友好的な，人なつこい，優しい

教科書 66ページ

→ 本文の解説はp.79にあります。

Q. Eri と Tina は，見知らぬ生徒をどのような人物だと思っていますか。

A. （例）新しく来た生徒で，バスケットボールがうまい。

Tina : ① Eri, who's that?

ティナ： 絵里，あれは誰かな。

Eri : ② Maybe he's a new student.

絵里： たぶん新しく来た生徒だね。

Tina : ③ Cool.

ティナ： いいね。

④ He's a good basketball player, isn't he?

バスケットボールがうまいよね。

Eri : ⑤ Yes, he is.

絵里： うん，そうだね。

Tina : ⑥ Do you want to meet him?

ティナ： 彼に会いたい？

Eri : ⑦ Yes. ⑧ Let's ask Kota.

絵里： うん。 コウタに聞いてみよう。

● **New Words** **単語と語句** アクセントの位置に注意して，声に出して発音しよう。

□ **who** [húː] 代 誰

□ **maybe** [méibi] 副 もしかしたら，ひょっとしたら

□ **player** [pléiər] 名 競技者，選手

□ **him** [hím/im] 代 彼を [に]

□ **let's** [lèts] let us の短縮形

□ **ask** [ǽsk] 動 （人）にたずねる，質問する

Nick が好きな有名人の写真を見せながら，Kota と話しています。
教科書 p.67 を見て，それぞれの人物の写真を選び，□ に記号を書きましょう。

➡ 音声の内容は pp.82-83 にあります。

(1) Ted Baker　D

A actor（俳優）　**B** singer（歌手）　**C** artist（芸術家）

(2) Judy Kashima　A

(3) Ana Flowers　C

D soccer player（サッカー選手）　**E** astronaut（宇宙飛行士）　**F** dancer（ダンサー）

About You ペアになり，好きなスポーツ選手や歌手などをたずね合いましょう。

［例］
A : Do you like sports?（あなたはスポーツが好きですか。）
B : Yes, I do.（はい，好きです。）
A : Who's your favorite athlete?（あなたのお気に入りのスポーツ選手は誰ですか。）
B : It's Osaka Naomi. She's tough.（大坂なおみです。彼女はたくましいです。）

解答例
A : Do you like manga?（あなたは漫画が好きですか。）
B : Yes, I do.（はい，好きです。）
A : Who's your favorite manga artist?（あなたのお気に入りの漫画家はだれですか。）
B : It's Umino Chika. She's nice.（羽海野チカです。彼女はすばらしいです。）

Word Board
・athlete（運動選手）
・comedian（コメディアン）
・manga artist（漫画家）
・musician（音楽家）
・writer（作家）

About You お気に入りをたずねる質問と，それに対する自分の答えを書きましょう。

Speak の解答例参照。

基本文
「誰」なのかをたずねる。
That's Kota.（あれはコウタです。）
Who's that?（あれは誰ですか。）
— He's **a new student**.（彼は新しく来た生徒です。）

▶ Active Grammar pp.126-127

● **New Words**　**単語と語句** アクセントの位置に注意して，声に出して発音しよう。

□ **actor** [ǽktər] 名（女性も含め一般的に）俳優
□ **singer** [síŋər] 名 歌手，歌う人
□ **astronaut** [ǽstrənɔ̀ːt] 名 宇宙飛行士
□ **dancer** [dǽnsər] 名 ダンサー，踊る人
□ tough [tʌf] 形 たくましい，丈夫な，タフな
□ comedian [kəmíːdiən] 名 お笑い芸人，コメディアン
□ **writer** [ráitər] 名 作家

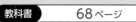

➡ 本文の解説はp.80にあります。

Q. Eri と Tina は Hajin について何を質問しましたか。

A.（例）コウタの友達かどうか。吹奏楽部に入っているかどうか。

After the game:
試合後：

Eri : ① Is he your friend?
絵里：　彼は友達？

Kota : ② Yes.　③ That's Hajin.　④ He's from Korea.
コウタ：　うん。　　ハジンだよ。　　　　韓国から来たんだ。

Tina : ⑤ Is he in the brass band?
ティナ：　彼は吹奏楽部に入っているの？

Kota : ⑥ No, he isn't.　⑦ He's a classmate.
コウタ：　ううん，入ってないよ。同級生なんだ。

⑧ Hey, Hajin.
おーい，ハジン。

Hajin : ⑨ Hi, I'm Hajin.
ハジン：　やあ，ぼくはハジン。

Eri : ⑩ Hi, Hajin.　⑪ I'm Eri, Kota's neighbor.　⑫ This is Tina.
絵里：　こんにちは，ハジン。私は絵里，コウタの家の近所に住んでいるの。こっちはティナ。

Tina : ⑬ Hi.　⑭ Nice to meet you.
ティナ：　こんにちは。はじめまして。

Think 外国から転校生が来たら，あなたはどんな自己紹介をしますか。
（例）自分の趣味を伝え，転校生の趣味をたずねる。

New Words　単語と語句 アクセントの位置に注意して，声に出して発音しよう。

☐ *after* [ǽftər]　前〔時間〕～の後に〔で〕

☐ **game** [géim]　名（特定の）試合，勝負

☐ *in* [ín/in]　前〔所属〕～に所属して

☐ **classmate** [klǽsmèit]　名 同級生

☐ **hey** [héi]　間〔呼びかけ〕おおい，ちょっと

☐ **neighbor** [néibər]　名 隣人，近所の人

Kota と Hajin が写真を見せ合いながら話しています。
教科書 p.69 の絵を見ながら，(1) ～ (4) の人物は，それぞれ Kota と Hajin の何に当たるかを選び，
□ に記号を書きましょう。

➡ 音声の内容は pp.83-84 にあります。

(1) **E**　(2) **D**

(3) **C**　(4) **B**

A brother （兄弟）　**B** sister （姉妹）

C teammate （チームメート）　**D** teacher （先生）

E neighbor （近所の人）

 好きな教科書の登場人物を選び，仮にその人を Ms. X ／ Mr. Y とします。
ペアになり，Ms. X ／ Mr. Y がどんな人かたずねながら，人物を当て合いましょう。

名前	Ms. X （女性）	Mr. Y （男性）
他の人物との関係	sister / classmate / (自分で考えて) （姉妹／同級生） 解答例 friend （友達）	brother / neighbor / (自分で考えて) （兄弟／近所の人） 解答例 teacher （先生）
性格	smart / brave / (考えて) （頭のよい／勇敢な） 解答例 friendly （気さくな）	cheerful / shy / (考えて) （陽気な／恥ずかしがりの） 解答例 strict （厳しい）

[例]　A : Is Ms. X Nick's sister?　（Ms. X はニックの姉妹ですか。）
　　　B : Yes, she is. / No, she isn't.　（はい，そうです。／いいえ，違います。）
　　　　　(No. の場合)　She is Tina's classmate. She is brave.
　　　　　　　　　　（彼女はティナの同級生です。彼女は勇敢です。）
　　　A : Is she Eri?　（絵里ですか。）
　　　B : That's right.　（正解です。）
解答例　A : Is Mr. Y Kota's father?　（Mr. Y はコウタのお父さんですか。）
　　　B : No, he isn't. He is Kota's teacher. He is strict.
　　　　　（いいえ，違います。彼はコウタの先生です。彼は厳しい人です。）
　　　A : Is he Mr. Hoshino?　（ホシノ先生ですか。）
　　　B : That's right.　（正解です。）

 友達の質問を書きましょう。

解答例 Is Mr. Y Kota's friend?　（Mr. Y はコウタの友達ですか。）

基本文

自分と相手以外の人についてたずねる。
　He's　　　a classmate.　（彼は同級生です。）
Is he　　　your friend? — Yes, he **is**. / No, he **isn't**.
（彼はあなたの友達ですか。— はい，そうです。／いいえ，違います。）
　He**'s not** in the brass band.　（彼は吹奏楽部に所属していません。）

▶ Active Grammar　pp.120-121

New Words　単語と語句　アクセントの位置に注意して，声に出して発音しよう。

□ **brother** [brʌ́ðər]　名 兄弟，兄，弟

□ **sister** [sístər]　名 姉妹，姉，妹

□ **teammate** [tíːmmèit]
　名 チームメート，同じチームの仲間

□ **smart** [smáːrt]　形 頭のよい

□ **brave** [bréiv]　形 勇敢な，勇ましい

□ **cheerful** [tʃíərfəl]　形 陽気な，明るい

□ **shy** [ʃái]　形 恥ずかしがりの，人見知りの

□ **right** [ráit]　形 正しい，間違いのない

□ **That's right.**　そのとおりです。

Part 1

自分と相手以外の人について言う。

① **This is Ms. Brown. She's an English teacher.**
（こちらはブラウン先生です。彼女は英語の先生です。）

② **That's Mr. Hoshino. He's our P.E. teacher.**
（あちらはホシノ先生です。彼は体育の先生です。）

学習のポイント

he / she と is

① 既に話題に出ている人について言うときには，代名詞を使います。女性の場合は **she**（**彼女は**）を主語に使います。「**彼女は～です。**」と紹介するときは，動詞は **is** を使い，**She's**［**She is**］**～.** と表します。

② 既に話題に出ている男性について「**彼は**」と言うときには，**he** を使います。「**彼は～です。**」と紹介するときは，she のときと同様，動詞は **is** を使い，**He's**［**He is**］**～.** と表します。

「**～です**」を表す am，are，is を **be動詞**といいます。

本文の解説

教科書 p.64

⑤ **That's Mr. Hoshino. ⑩ That's Ms. Brown.**

比較的遠くの人や物を指して「**あれ，あちら（の人）**」と言うときには，**that** を使います。**That's** は **That is** の短縮形で，that が主語のときの「～です」の動詞は this と同じ **is** を使います。〈**That's**［**That is**］**＋人の名前.**〉の形で，「**あちらは～です。**」と遠くにいる人を紹介する表現になります。「**～先生**」と言うときには，Mr. ／ Ms. などを使います。

---

⑥ **He's our P.E. teacher.**

He's は He is の短縮形で，**He's ～.** で「**彼は～です。**」と紹介する言い方です。
主語が **he** のときの「**～です**」という意味の動詞も **is** を使います。

---

⑦ **He's strict, but his class is fun.**

He's［He is］の後には，P.E. teacher（体育の先生）のような名詞ではなく，strict（厳しい）のような状態を表す語句がくることもあります。このような語を形容詞といいます。
but は「**しかし**」という意味で，前の文と反対または逆の内容を表すときに使われる接続詞です。
his は「**彼の**」という意味の代名詞で，his class（彼の授業）のように名詞の前に置かれ，名詞を説明する働きをします。

---

⑪ **She's our English teacher.**

She's は She is の短縮形で，**She's ～.** で「**彼女は～です。**」と紹介する言い方です。

---

⑬ **I can't wait.** （→教科書p.64　表現）

I can't wait. は「**待つことができない → 待ちきれない。**」という意味で，待ち遠しい気持ちを表します。

Part 2

基本文

「誰」なのかをたずねる。

① **That's Kota.**
（あれはコウタです。）

② **Who's that?**
（あれは誰ですか。）

③ **— He's a new student.**
（彼は新しく来た生徒です。）

学習のポイント

who

② Who's は，Who is の短縮形です。**Who is ～?** は，「**～は誰ですか。**」とたずねるとき に使います。**who** は「**誰**」と人についてたずねるときに用いる疑問詞です。この疑問 を表す who はいつも文頭に置きます。また，who のような疑問詞で始まる文は，普 通文の終わりを下げ調子に言います。

③ Who is ～? の疑問文には，名前や職業，自分との関係など，その人に関する情報を 答えます。疑問文と同じ that を使って答えることもできますが，普通はその人が男性 なら **he**，女性なら **she** を主語にして，**He** [**She**] **is ～.** の形で答えます。

本文の解説

教科書 p.66

① **Eri, who's that?**

Who's ～? は，「**～は誰ですか**」と人をたずねるときに使います。この疑問を表す who はいつも文頭に置き，疑問詞で 始まる文は普通文の終わりを下げ調子に言います。
Who's ～? の疑問文には，名前や職業，自分との関係など，その人に関する情報を答えます。

② **Maybe he's a new student.**

Maybe は「**もしかしたら，ひょっとしたら**」という意味の副詞です。Who's ～? の疑問文に対して，he's a new student. 「彼は新しく来た生徒です。」と答えています。

---

④ **He's a good basketball player, isn't he?** (→教科書p.66 KEY)

isn't は，**is not**の短縮形です。また，文末の **isn't ～?** は付加疑問文といい，「**～ですよね**」と相手に確認したり同意 を求めたりするときに使います。この文では，直前の He's a good basketball player. 「彼はバスケットボールが上手で す。」に対する同意を求めています。

---

⑤ **Yes, he is.**

isn't he? 「彼は～ですよね。」に対する答えなので，「はい」で答えるときは，**Yes, he is.**，「いいえ」で答えるときは， **No, he isn't.** と言います。

---

⑧ **Let's ask Kota.** (→教科書p.66 表現)

「**～しましょう。**」と相手に提案したり誘ったりするときは，〈**Let's + 動詞～.**〉の文を使います。

基本文

自分と相手以外の人についてたずねる。

① **He's   a classmate.**
（彼は同級生です。）

② **Is he   your friend? — Yes, he is. / No, he isn't.**
（彼はあなたの友達ですか。― はい，そうです。／いいえ，違います。）

③ **He's not in the brass band.**
（彼は吹奏楽部に所属していません。）

学習のポイント

Is he / she ...?

② 「**彼 [彼女] は～ですか。**」とたずねるときは，**Is he [she] ～?** の文を使います。
is を用いた文では，is を主語（he / she）の前に出して疑問文をつくります。

肯定文： **She is a teacher .**   （彼女は先生です。）

is を文の初めに出して，大文字にする。

疑問文： **Is She   a teacher ?**   （彼女は先生ですか。）

また，疑問文の終わりにはクエスチョンマーク（？）を付け，文の終わりは上げ調子で言います。

Is he [she] ...? の疑問文には，**is** を使って答えます。肯定なら **Yes, he [she] is.**，否定なら **No, he [she] isn't.** と言います。**isn't** は **is not** の短縮形です。

③ 「**彼 [彼女] は～ではありません。**」と打ち消すときは，**He [She] isn't ....** の文を使います。isn't は is not の短縮形です。打ち消す文を否定文といいます。

本文の解説

教科書 p.68

① Is he your friend?
Is he ...? で，「**彼は～ですか。**」とたずねる言い方になります。is を使った文では，is を主語（he）の前に出して疑問文をつくります。

③ That's Hajin.
〈That's [That is] ＋人の名前.〉の形で，「あちらは～です。」と遠くにいる人を紹介する表現になります。

⑤ Is he in the brass band?
この文も，Is he ...?（彼は～ですか。）とたずねる言い方です。この疑問文は，He is in the brass band. の **is** を主語（he）の前に出して，疑問の形にしたものです。この **in** は，「**～に所属して**」という意味の前置詞です。

⑥ No, he isn't.
Is he ...? の疑問文には，is を使って答えます。肯定なら **Yes, he is.**，否定なら **No, he isn't.** と言います。isn't は **is not** の短縮形です。

⑧ Hey, Hajin. （→教科書p.68　表現）
Hey. は注意を引きつける表現です。

Part 1 (教科書 p.65) の音声の内容

→ 解答はp.73にあります。

ポイント 音声の内容は次の通りです。下線部に注意して，それぞれの先生に当てはまる情報を，線で結びましょう。

(1)

Tina : Dad, these are my teachers.
（お父さん，私の先生たちだよ。）

Dad : Your teachers? OK.
（君の先生たちかい。わかったよ。）

Tina : This is Mr. Hara. （この人が原先生。）

Dad : I know him. He's your homeroom teacher, right?
（知っているよ。担任の先生だよね。）

Tina : Yes. And he is my science teacher, too.
（そうなの。理科の先生でもあるんだ。）

Dad : Oh, your science teacher. I didn't know that.
（ああ，理科の先生なのか。知らなかったよ。）

Tina : He's very kind. （とても親切なんだ。）

Dad : That's great. （すばらしいね。）

(2)

Tina : This is Ms. Ogawa. She's my math teacher.
（小川先生よ。数学の先生なの。）

Dad : Ms. Ogawa ... your math teacher? OK. I like math. Is her class interesting?
（小川先生……，数学の先生だね。わかったよ。私は数学が好きなんだ。彼女の授業はおもしろいかな。）

Tina : Yes. It's a lot of fun. She's very funny. She's good at joking. I like her math class.
（うん。とても楽しい。彼女はとてもおもしろいし。冗談を言うのが得意なの。彼女の数学の授業が好きよ。）

Dad : Really? That's great.
（そうかい。それはよかった。）

(3)

Tina : This is Mr. Sasaki. He's my social studies teacher.
（佐々木先生だよ。社会科の先生だよ。）

Dad : Mr. Sasaki ... your social studies teacher? OK.
（佐々木先生……，社会科の先生だね。わかったよ。）

Tina : He's famous. Do you know why?
（有名な人なんだ。どうしてかわかる。）

Dad : No. Why?
（いや，わからないな。どうして。）

Tina : He is good at *kendo*. He's very strong.
（剣道の達人なの。すごく強いのよ。）

Dad : Oh, he is a fighter!　（へえ。剣士なんだ。）

Tina : That's right.　（そうなの。）

Dad : Your social studies teacher is a fighter.　That's funny!

（社会科の先生が剣士か。おもしろいね。）

Part 2 (教科書 p.67) の音声の内容

ポイント　音声の内容は次の通りです。下線部に注意して，それぞれの人物の写真を選び，□ に記号を書きましょう。

(1)

Nick : Look, Kota.　This is my photo album.　These are my favorite people.

（見て，コウタ。ぼくのアルバムだよ。ぼくのお気に入りの人たちの写真なんだ。）

Kota : Your favorite people?

（君のお気に入りの人たちなの。）

Nick : Yes.　I like them all.

（そう。みんな好きなんだ。）

Kota : Who's this man?

（この男性は誰だい。）

Nick : He's Ted Baker.　<u>He's my favorite soccer player.</u>　He plays in the Premier League. He can run really fast.　He's great.

（テッド・ベイカー。ぼくのお気に入りのサッカー選手だよ。プレミアリーグでプレーしているよ。本当に速く走れるんだ。最高だよ。）

Kota : Cool.　（かっこいいね。）

(2)

Nick : Do you know this woman?

（この女性を知っているかな。）

Kota : No, I don't.　Who is she?

（いや，知らないな。誰だい。）

Nick : <u>She is my favorite actor.</u>　She's from Japan.

（ぼくのお気に入りの俳優なんだ。彼女は日本出身だよ。）

Kota : Really?　What's her name?

（そうなの？　名前は何ていうの。）

Nick : Judy Kashima.　She's in the United States now.　She can do karate.　Her performances are always exciting.　She's cool.

（ジュディ・カシマだよ。今はアメリカにいるんだ。空手ができて，彼女の演技はいつも刺激的だ。最高なんだよ。）

Kota : Oh, I want to see her performance.

（へえ，彼女の演技を見てみたいな。）

- 82 -

(3)

Nick : Do you know this woman?

（この女性を知っているかな。）

Kota : No, I don't. Who is she?

（いや，知らないな。誰だい。）

Nick : She's Ana Flowers. <u>She's my favorite artist.</u>

（アナ・フラワーズ。ぼくのお気に入りのアーティストだ。）

Kota : Oh, do you like art?

（へえ，君はアートが好きなの。）

Nick : Yes, I do. I like her pictures. In her pictures, you can see a lot of birds. They are really cute. I like them.

（うん，好きだよ。彼女の絵が好きなんだ。彼女の絵には，たくさんの鳥が描かれているよ。本当にかわいいんだ。それが好きなんだよね。）

Kota : Where is she from?

（彼女はどこの出身かな。）

Nick : She's from the U.S.

（アメリカだよ。）

Kota : I see. （そうなんだ。）

Part 3 （教科書 p.69）の音声の内容

ポイント 音声の内容は次の通りです。下線部に注意して，(1)〜(4)の人物は，それぞれ Kota と Hajin の何に当たるかを選び，□ に記号を書きましょう。

(1)

Kota : Look at this picture, Hajin.

（ハジン，この写真を見て。）

Hajin : Where is this? It looks fantastic!

（これは，どこなの。いいところだね。）

Kota : Yes. I went camping this summer. I went camping with my family and my father's friends. We went fishing together.

（そうでしょ。今年の夏にキャンプに行ったんだ。家族と父の友達といっしょに。いっしょに釣りもしたよ。）

Hajin : Great. <u>Who is this on your left?</u> Is he your father?

（いいね。君の左にいるのは誰かな。お父さんかい。）

Kota : No, he isn't. <u>He's my neighbor, Takahashi-san.</u> He sometimes goes fishing with my father. He's really kind.

（違うよ。近所の高橋さん。ときどき，父といっしょに釣りに行くんだ。本当に親切なんだよ。）

Hajin : Look at this fish! He's good at fishing, then?

（この魚を見て！ 彼は釣りの名手だと思わないかい。）

Kota : Yes, he is. （そうだね。）

Unit 4 - 83 -

(2)

Hajin : And who is this? Who is the guy on your right? Is he your brother?

(これは誰かな。君の右にいるのは誰だい。お兄さんかな。)

Kota : No, he isn't. I don't have any brothers. He's Ken-san. He's also my father's friend. And he's my teacher, too.

(いや，違うよ。兄弟はいないんだ。彼はケンさんだよ。父の友人だ。そして，彼はぼくの先生でもあるんだ。)

Hajin : Your teacher?

(君の先生なの。)

Kota : Yes. He sometimes teaches me math.

(そう。たまに数学を教えてくれるよ。)

Hajin : Wow. You and your father have lots of good friends!

(へえ。君と君のお父さんは仲よしの友達が多いんだね！)

(3)

Kota : What's this picture, Hajin?

(ハジン，この写真は何だい。)

Hajin : I went to Fukuoka this summer. It's a picture from there.

(今年の夏に福岡に行ったんだ。そこの写真だよ。)

Kota : Nice picture! Who is this man? He's really tall! Is he your teacher?

(すばらしい写真だね！　この男性は誰だい。とても背が高いね。君の先生かな。)

Hajin : No, he isn't. He is my teammate, Yubin.

(いや，違うよ。彼はチームメートのユービンだよ。)

Kota : Your teammate? You play basketball with him?

(君のチームメート？　彼とバスケットボールをやっているのかな。)

Hajin : Yes, I do. He's good at shooting. And he can jump really high. He's my best friend in Korea. He's a really nice guy.

(そうだよ。彼はシュートが得意だよ。そして，とても高くジャンプできるんだ。彼は韓国のぼくの親友だよ。本当にすばらしい人なんだ。)

(4)

Kota : Who is this woman? Is she a basketball player, too?

(この女性は誰かな。彼女もバスケットボールの選手なの。)

Hajin : No, she isn't. She is my sister, Suji. She's a university student. She can't play basketball at all. But she can play the trumpet. She plays very well.

(違うよ。姉のスジ。大学生だよ。バスケットボールは全然できないんだ。でも，トランペットを演奏することができるよ。とても上手なんだ。)

Kota : Really? Your sister can play the trumpet? I play the trumpet, too! Wow!

(へえ。お姉さんはトランペットを演奏することができるんだね？　ぼくもトランペットを演奏するよ！いいねえ。)

Hajin : Great. Maybe you two can play together sometime.

(すごいね。いつか二人で演奏してみたら。)

Kota : Yeah!　(やったあ。)

Unit 4 **Goal** 誰のことか当てよう

Listening Kota たちが吹奏楽部の練習をしているところへ，Hajin のボールが転がってきました。
Kota が Mr. Utada のことを何と紹介しているかを聞き，メモを取りましょう。

(例)

> 職業：music teacher （音楽の先生）
> 得意なこと：singing, play the piano （歌うこと，ピアノの演奏）
> 性格：kind, strict about music （親切，音楽についてはとても厳しい）
> その他：speak English very well （英語をとても上手に話す）

ポイント 音声の内容は次の通りです。

Hajin : Watch out!
（気をつけてください！）

Sorry, are you OK?
（すみません，大丈夫ですか。）

Mr. Utada : Yes, I'm OK. No problem. Here's your ball. Catch!
（はい，大丈夫ですよ。問題ありません。あなたのボールです。受け取って。）

Hajin : Oh, nice pass. Thank you.
（わあ，いいパスですね。ありがとうございます。）

Mr. Utada : You're welcome.
（どういたしまして。）

Kota : Hajin. Take care.
（ハジン。気をつけて。）

Hajin : Oh, Kota. Hey ... can I ask you something?
（ああ，コウタ。ねえ……，ちょっと聞いてもいいかな。）

Kota : Sure.
（もちろん。）

Hajin : Who's that?
（あの人は誰かな。）

Kota : That's Mr. Utada.
（ウタダ先生だよ。）

Hajin : Is he an English teacher? He can speak English very well.
（彼は英語の先生なの？ 英語がとても上手だね。）

Kota : No, he isn't. He is a music teacher.
（いや，違うよ。彼は音楽の先生だよ。）

Hajin : A music teacher?
（音楽の先生なの？）

Kota : Yes. He's good at singing. He can play the piano very well, too.
（うん。彼は歌が上手なんだ。ピアノの演奏も上手だよ。）

Hajin : That's great. Is he kind?

(それはすごいね。彼は親切なの。)

Kota : Yes. He's very kind. But not always.

(うん。彼はとても親切だよ。だけど，いつもではないよ。)

Hajin : What do you mean?

(どういう意味かな。)

Kota : He's very strict about music.

(彼は音楽についてはとても厳しいんだ。)

Hajin : Oh, I see. But he's a nice teacher, right?

(へえ，わかったよ。だけど，いい先生なんだよね？)

Kota : Yes, I like him. Oops!

(うん，ぼくは彼が好きだよ。おっと。)

Speaking 友達がよく知る人について名前を明かさずに紹介し，誰のことかを当て合いましょう。

1. 紹介する人物についての情報をまとめましょう。

解答例

名前：Fujii Sota （藤井聡太）
関係／職業：*shogi* player （棋士）
得意なこと：*shogi* （将棋）
性格：smart （頭がよい）
その他：He is from Aichi. （彼は愛知県出身です。）

2. 教科書p.71を折り，グループになって Who is this? クイズをしてみましょう。
伝える情報の順序を工夫しましょう。

解答例 Who is this?
(これは誰ですか。)
He can play *shogi*.
(彼は将棋をすることができます。)
He's a *shogi* player.
(彼は棋士です。)
He is very smart.
(彼はとても頭がよいです。)
He's from Aichi.
(彼は愛知県出身です。)

 CAN-DO 人物紹介から，基本的な情報を聞き取ることができる。　　　▶▶CAN-DO List (L-1)
CAN-DO 身近な人などについて，基本的な情報を紹介することができる。　　▶▶CAN-DO List (SP-2)

Unit 5

Goal

Reading

学校公開の案内状から，時間や場所などを読み取ることができる。

Speaking

お気に入りの学校内の施設について，たずね合うことができる。

ここが私たちの学校
This Is Our School

Check 教科書pp.72-73の絵を見て，ストーリーの話題を予測する

・**About You** あなたなら，学校のどんなところを人に紹介したいですか。

　(例) お気に入りのところ

・Tina は学校のどんなところをお母さんに紹介すると思いますか。

　(例) アメリカの学校と異なるところ

Listen / Watch ストーリーのおおまかな内容をつかむ

1. 音声を聞き，話に出てきた施設を，教科書pp.72-73の絵の中から選んで（　）に記号を書きましょう。

　　（ A ）　（ B ）　（ G ）　（ C ）　（ E ）

2. 映像を見て，内容を確かめましょう。

Word Board

・behind the gym
　（体育館の裏側）
・in front of the entrance
　（入口正面）
・between the pool and the gym
　（プールと体育館の間）
・near the gate
　（門の近く）

New Words **単語と語句** アクセントの位置に注意して，声に出して発音しよう。

☐ **pool** [púːl] 名 プール

☐ **gym** [dʒím] 名 体育館，ジム

☐ **entrance** [éntrəns] 名 入口，玄関

☐ **gate** [géit] 名 門

☐ hallway [hɔ́ːlwèi] 名 廊下

☐ restroom [réstrùːm] 名 トイレ，洗面所

☐ **behind** [biháind] 前 〜の後ろに，〜の裏側に

☐ **between** [bitwíːn] 前 〜の間に [で・を・の]

☐ **front** [frʌ́nt] 名 前方，前部，正面

☐ **near** [níər] 前 〜に近く，〜の近くに

☐ between 〜 and ... 〜と…の間に [で・を・の]

☐ in front of 〜 〜の正面の [で・に]

→ 本文の解説は p.94 にあります。

Q. Tina のお母さん (Ms. Rios) は何を知りたいと思いましたか。

A.（例）カフェテリアがどこにあるか。昼食をどこでとるのか。

In front of the school:
学校の前で：

Tina : ① That's the swimming pool over there.
ティナ：　あそこにあるのがプールだよ。

② Next to it, that's the gym.
　その隣は体育館。

Ms. Rios : ③ I see. ④ Where's the cafeteria?
リオスさん：　なるほど。　カフェテリアはどこ？

Tina : ⑤ We don't have one.
ティナ：　カフェテリアはないよ。

Ms. Rios : ⑥ Really? ⑦ Where do you have lunch?
リオスさん：　本当に？　じゃあお昼はどこで食べるの？

Tina : ⑧ In the classroom.
ティナ：　教室の中だよ。

Ms. Rios : ⑨ Oh!
リオスさん：　あら！

Tina : ⑩ Yes, the students serve lunch and eat together.
ティナ：　そう，生徒が給食を配っていっしょに食べるの。

Ms. Rios : ⑪ That's nice.
リオスさん：　それはいいわね。

● New Words　**単語と語句**　アクセントの位置に注意して，声に出して発音しよう。

□ *over* [óuvər]　副 越えて，向こう側へ

□ **next** [nékst]　形〔場所が〕隣の

□ **cafeteria** [kæfətíəriə]
　名 カフェテリア（セルフサービスの食堂）

□ *have* [hǽv/əv]　動 ①～を食べる
　　　　　　　　　②～を持っている，～がある

□ **serve** [sə́ːrv]　動（食べ物）を出す，（人）に食事を出す

□ *eat* [íːt]　動 食べる，食事をする

□ **together** [təgéðər]
　副 共に，いっしょに

□ over there 〔there よりもさらに離れたところを指して〕あそこ，あちら

□ next to ～　～の隣の

Hajin が Eri に校内の施設の場所をたずねています。
(1) ～ (3) がある場所を教科書p.75の地図から選び, □ に記号を書きましょう。

 音声の内容はp.97にあります。

(1) nurse's office F
（保健室）

(2) library D
（図書室）

(3) music room A
（音楽室）

About You あなたの学校に Tina がやって来ました。ペアになり, 交替で Tina 役を演じて, 施設の場所や活動をする場所をたずね合いましょう。

[例1] A： Where's the library?
（図書室はどこですか。）

B： It's on the third floor, next to the cooking room.
（3階の調理室の隣です。）

[例2] A： Where do you play basketball?
（どこでバスケットボールをしますか。）

B： We play basketball in the gym.
（私たちは体育館でバスケットボールをします。）

解答例 A： Where's the science room?
（理科室はどこですか。）

B： It's on the second floor, next to the stairs.
（2階の階段の横です。）

Word Board
・computer room （コンピューター室） ・cooking room （調理室） ・school principal's office （校長室）

About You やり取りした内容を1つ選んで, 書きましょう。

Speak の解答例参照。

基本文	「どこ」なのかをたずねる。 **Where's** the cafeteria?　（カフェテリアはどこですか。） — **On** the second floor.　（2階にあります。） **Where** do you have lunch?　（あなたはどこで昼食をとりますか。） — **In** the classroom.　（教室です。）

▶ Active Grammar pp.126-127

● New Words　単語と語句　アクセントの位置に注意して, 声に出して発音しよう。

☐ **nurse** [nə́:rs]　图 看護師

☐ **office** [ɔ́:fis]　图 仕事部屋

☐ *on* [án]　前〔位置・場所〕～に〔で〕

☐ **room** [rú:m]　图 部屋, ～室

☐ **floor** [flɔ́:r]　图（建物の個々の）階

☐ **stair(s)** [stéər(z)]　图〔複数形で〕階段

☐ **cooking** [kúkiŋ]　图 料理

☐ **school principal** [skú:l prìnsəpəl]　图 校長

教科書 76ページ 教科書二次元コード

➡ 本文の解説はp.95にあります。

Q. Tina は Ms. Rios にどのようなアドバイスをしていますか。

A.（例）足元に注意すること。

At the entrance:
入口で：

Tina : ① Here's the entrance. ② Watch your step.
ティナ： 　ここが入口だよ。　　　　　　 足元に気を付けてね。

Ms. Rios : ③ Do I take off my shoes?
リオスさん： 　靴は脱ぐの？

Tina : ④ Yes, take out your slippers. ⑤ Put them on.
ティナ： 　うん，スリッパを取り出して。　　　　　 履いて。

Ms. Rios : ⑥ This is a good idea.
リオスさん： 　これはいい考えね。

Tina : ⑦ Yes. ⑧ OK. ⑨ Mom, follow me.
ティナ： 　でしょう。 よし。 　ママ，ついてきて。

⑩ Let's go to the classroom.
教室に行こう。

● New Words **単語と語句** アクセントの位置に注意して，声に出して発音しよう。

☐ *watch* [wátʃ] 動 ～に注意（して行動）する	☐ **idea** [aidíə] 名 考え，アイデア，思いつき
☐ **step** [stép] 名 歩み，足取り	☐ **mom** [mám] 名 お母さん，ママ
☐ *take* [téik] 動（物）を取る	☐ **follow** [fálou]
☐ **off** [ɔ́:f] 副 外れて，取れて，脱げて	動（人・物）の後について行く［来る］
☐ **out** [áut] 副 外へ（出て）	☐ watch one's step 注意して歩く，足元に気を付ける
☐ slipper(s) [slípər(z)] 名 部屋履き	
☐ **put** [pút] 動（物）を置く，載せる	☐ take off ～ （衣服・靴など）を脱ぐ，（めがねなど）を外す
☐ **them** [ðém/ðəm] 代 彼(女)らを[に]，それらを[に]	
☐ **on** [án] 副 身に着けて	☐ take out ～ （物）を取り出す
☐ *good* [gúd] 形 よい，優れた	☐ put ～ on （服など）を身に着ける

Ms. Rios が観光をしています。ツアーガイドのアナウンスを聞いて、
Ms. Rios が今いる場所を教科書p.77の写真からそれぞれ選び、□ に記号を書きましょう。

➡ 音声の内容はp.98にあります。

(1) B　　　(2) A　　　(3) C

 ペアになり、教科書p.77の (1) ～ (4) の標識の意味を説明し合いましょう。

[例]　(1)　Do not use the phone.
　　　　　（電話を使用してはいけません。）

解答例　(2)　Do not take a picture.
　　　　　（写真を撮ってはいけません。）

　　　(3)　Do not swim.
　　　　　（泳いではいけません。）

　　　(4)　Watch your step.
　　　　　（足元に注意してください。）

 説明したものから、1つを選んで書きましょう。

解答例　(2) Do not take a picture.
　　　　　（写真を撮ってはいけません。）

基本文

指示や注意をしたり、誘ったりする。
Watch your step. （足元に注意してください。）
Don't use the phone. （電話を使ってはいけません。）
Let's go to the classroom. （教室に行きましょう。）

● New Words　単語と語句　アクセントの位置に注意して、声に出して発音しよう。

□ **phone** [fóun] 名 電話機、電話

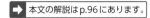

→ 本文の解説は p.96 にあります。

Q. Ms. Rios は演劇部について何をたずねましたか。

A. （例）いつ活動をするのか。

Later, in the classroom:
その後，教室で：

Ms. Rios : ① When do you have drama club?
リオスさん： 演劇部はいつやるの？

Tina : ② After clean-up time.
ティナ： 掃除の時間の後だよ。

Ms. Rios : ③ Clean-up time?
リオスさん： 掃除の時間？

Eri : ④ Yes, we clean our classroom and hallway every day.
絵里： はい，私たちは毎日教室と廊下を掃除するんです。

Tina : ⑤ We sweep the floor and wipe the blackboard.
ティナ： 床を掃いて黒板をきれいにするんだよ。

Ms. Rios : ⑥ I'm impressed. ⑦ It's so tidy here.
リオスさん： 感心したわ。 ここはとてもきれいね。

Think 家族が学校に来たら，あなたはどこを案内したいと思いますか。
（例）図書室

New Words 単語と語句 アクセントの位置に注意して，声に出して発音しよう。

□ **later** [léitər] 副 後で，後ほど

□ **clean-up** [klí:nʌp] 名 掃除

□ **time** [táim] 名 時間

□ **clean** [klí:n]
　　動 〜をきれいにする，掃除する，片づける

□ **day** [déi] 名 日，1日

□ sweep [swí:p] 動 （床・地面など）を掃く

□ *floor* [flɔ́:r] 名 （屋内の）床

□ **wipe** [wáip]
　　動 （物の表面）を（布，手などで）拭く

□ **blackboard** [blǽkbɔ̀:rd] 名 黒板

□ **impressed** [imprést] 形 感心して，感動して

□ *so* [sóu/sə] 副 とても，非常に

□ **tidy** [táidi] 形 （よく整理をして）きちんとした

□ **every day** 毎日

Kota が Hajin を自宅に誘っています。Hajin の週末の予定に当てはまるものを選び，予定表に記号を書きましょう。

➡ 音声の内容はp.99にあります。

	Saturday（土曜日）	Sunday（日曜日）
morning（午前）	B	C
afternoon（午後）	A	D

A practice basketball（バスケットボールの練習）　**B** study Japanese（日本語の勉強）

C go shopping（買い物に行く）　**D** go to Kota's house（コウタの家へ行く）

 About You ペアになり，インタビューをして，1日の生活の違いを確かめましょう。

When do you ～?（あなたはいつ～しますか。）	You（あなた）	Your friend（あなたの友達）
(1) do your homework（宿題をする）		
(2) take a bath（入浴をする）		
(3) go to bed（就寝する）		
解答例 (4) eat snacks（おやつを食べる）		

[例] (1) A: When do you do your homework?（あなたはいつ宿題をしますか。）
B: Before dinner. / At five. / About six.（夕食の前です。／5時です。／6時ごろです。）

解答例 (2) A: When do you take a bath?（あなたはいつ入浴しますか。）
B: At six.（6時です。）

(3) A: When do you go to bed?（あなたはいつ就寝しますか。）
B: About ten.（10時ごろです。）

(4) A: When do you eat snacks?（あなたはいつおやつを食べますか。）
B: After lunch.（昼食の後です。）

Word Board
・before dinner（夕食の前）
↕
・after dinner（夕食の後）

 About You 友達とやり取りした内容を書きましょう。

Speak の解答例参照。

基本文
「いつ」なのかをたずねる。
When's the school open day?（学校公開日はいつですか。）
— **On** Saturday, October 29.（10月29日，土曜日です。）
When do you have drama club?（演劇部の活動はいつやりますか。）
— **After** clean-up time.（掃除の時間の後です。）

▶ Active Grammar pp.126-127

New Words 単語と語句 アクセントの位置に注意して，声に出して発音しよう。

☐ **morning** [mɔ́ːrniŋ] 名 朝，午前（中）
☐ **afternoon** [æftərnúːn] 名 午後
☐ **study** [stʌ́di] 動 ～を勉強する
☐ **shopping** [ʃápiŋ] 名 買い物，ショッピング
☐ **house** [háus] 名 家
☐ **bath** [bæθ] 名 入浴
☐ **before** [bifɔ́ːr] 前〔時〕～よりも前に［先に・早く］
☐ **dinner** [dínər] 名 夕食

☐ *about* [əbáut] 副 約，およそ，～ぐらい
☐ *take* [téik] 動 ～をする
☐ *at* [ǽt/ət] 前〔時の1点を示して〕～に
☐ *open* [óupən] 形 開いた，公開の
☐ go shopping 買い物に行く
☐ take a bath 入浴する
☐ go to bed 就寝する

Part 1

基本文

「どこ」なのかをたずねる。

① **Where's the cafeteria?**
（カフェテリアはどこですか。）

② **— On the second floor.**
（2階にあります。）

③ **Where do you have lunch?**
（あなたはどこで昼食をとりますか。）

④ **— In the classroom.** （教室です。）

学習のポイント

where

① 「どこに [で]」と場所をたずねるときは疑問詞 **where** を使います。「**〜はどこですか。**」という疑問文は，文頭に **where** を置き〈**Where + is [are] + 主語 〜?**〉の形にします。このとき be 動詞は，主語が単数なら **is**，複数なら **are** を使います。この is, are の be 動詞は，「〜です」ではなく「**(〜が) います [あります]**」の意味で使われていますから注意しましょう。

②④ **Where is[are] 〜?** の疑問文には，場所を表す語句を使って答えます。**at, in, on** などの場所を表す前置詞と組み合わせて表します。

③ 「**どこで〜しますか。**」と一般動詞でたずねるときは，〈**Where + do + 主語 + 動詞の原形 〜?**〉の形で表します。

本文の解説

教科書 p.74

① **That's the swimming pool over there.**
That's は **That is** の短縮形で，that が主語のときの「〜です」の動詞は this と同じ is を使います。〈**That's [That is] + 物の名前.**〉の形で，「**あちらは〜です。**」と遠くにある物を紹介する表現になります。**there** は「**そこに，そこで**」という意味の副詞で，話し手から離れた場所を指します。**over there** は，there よりもさらに離れたところを指し，「**あそこ，あちら**」という意味です。

② **Next to it, that's the gym.**
Next to は「**〜の隣の**」という意味です。この文の it は前の文のプールを指します。

④ **Where's the cafeteria?**
Where's は **Where is** の短縮形です。**Where 〜?** は「**〜はどこですか。**」と場所をたずねるときに使います。

⑧ **In the classroom.**
where で始まる疑問文には Yes や No で答えません。at, in, on などの言葉を使い，場所を答えます。

⑪ **That's nice.** （→教科書p.74 KEY）
That's nice. は「**いいね。**」と相手に感想を伝える表現です。

Part 2

指示や注意をしたり，誘ったりする。

① 　　　　Watch your step. （足元に注意してください。）
② Don't use the phone. （電話を使ってはいけません。）
③ Let's go to the classroom. （教室に行きましょう。）

学習のポイント

命令文

① 「〜しなさい」と相手に指示や注意をするときは，主語を省略して動詞の原形で文を始めます。このような文を命令文といいます。

普通の文：**You** watch your step. （あなたは足元を注意します。）

↓主語を省略し，動詞の原形で文を始める。

命令文：**Watch** your step. （足元に注意しなさい。）

② 「〜してはいけません」と相手に禁止するときは，動詞の原形の前に **Don't [Do not]** を置いて文を始めます。

命令文：Use. （使いなさい。）

↓動詞の原形の前に **Don't** を置く。

禁止の文：**Don't** use. （使ってはいけません。）

③ 「〜しましょう」と相手を誘うときは，〈**Let's ＋ 動詞の原形 〜.**〉の文を使います。

命令文：Go to the classroom. （教室に行きなさい。）

↓命令文の前に **Let's** を置く。

誘う文：**Let's** go to the classroom. （教室に行きましょう。）

本文の解説

教科書 p.76

② **Watch your step.** （→教科書p.76　表現） ⑤ **Put them on.** ⑨ **Mom, follow me.**
動詞の原形で始まっているので「〜しなさい」と相手に指示する言い方です。②の **watch your step** は，注意を促しています。⑤の **Put 〜 on** は，「(服など) を身に着ける」という表現です。この文の them は前の文の「スリッパ」を指します。⑨の **follow me** は「私についてきなさい」という意味で，人を案内するときに使います。

---

③ **Do I take off my shoes?**
take off 〜 は，「(衣服・靴など) を脱ぐ」という表現です。

---

④ **Yes, take out your slippers.**
take out 〜 は，「(物) を取り出す」という表現です。

---

⑥ **This is a good idea.** （→教科書p.76　表現）
This is a good idea. は，「いい考えだね。」という意味の表現です。

---

⑩ **Let's go to the classroom.**
「〜しましょう」と相手を誘うときは，〈**Let's ＋ 動詞の原形 〜.**〉の文を使います。

Part 3

基本文

「いつ」なのかをたずねる。

① **When's the school open day?**
(学校公開日はいつですか。)

② **— On Saturday, October 29.**
(10月29日，土曜日です。)

③ **When do you have drama club?**
(演劇部の活動はいつやりますか。)

④ **— After clean-up time.**
(掃除の時間の後です。)

学習のポイント

when

① **when** は「いつ」と時をたずねるときに使う疑問詞で，**When's [When is] 〜?** で，「〜はいつですか。」とたずねる言い方になります。what time が「時刻」をたずねるときに使うのに対し，**when** は，広い範囲の「時」をたずねるときに使うので，その違いをしっかり理解しておきましょう。

② この文は，It is が省略されています。When is 〜? に答えるときは，It を主語にして〈**It's [It is]＋時を表す語句.**〉の形を使います。時を表す語句は，Saturday（土曜日）のような曜日や日時の前に on や after, in などの言葉を置き，いつなのかを答えます。

③ 「いつ〜しますか。」と一般動詞でたずねるときは，〈**When do ＋ 主語 ＋ 動詞の原形 〜?**〉の形で表します。

④ この文は，主語と動詞の We have が省略されています。When do〜? に答えるときは，〈**主語 ＋ 動詞〜 ＋ 時を表す語句.**〉の形で答えます。

本文の解説

教科書 p.78

① When do you have drama club?

「いつ〜しますか。」とたずねるときは，〈**When do ＋ 主語 ＋ 動詞の原形 〜?**〉の形で表します。

② After clean-up time.

この文は，We have it が省略されています。When do 〜? の疑問文に答えるときは，〈**主語 ＋ 動詞〜 ＋ 時を表す語句.**〉の形で答えます。時を表す語句は，この文のように時を表す語句だけで答えることもあります。After clean-up time「掃除の時間の後」です。

④ Yes, we clean our classroom and hallway every day.

every は「**毎〜，〜ごとに**」という意味の形容詞で，**every day** は「**毎日**」という意味です。

⑥ I'm impressed. (→教科書p.78 表現)

I'm impressed. は，「**感心したよ。**」と相手をほめるときの表現です。

Part 1 (教科書 p.75) の音声の内容

➡ 解答はp.89にあります。

ポイント 音声の内容は次の通りです。下線部に注意して，(1) ～ (3) の施設がある場所を選び，□ に記号を書きましょう。

(1)

Eri : Is something wrong, Hajin?　（ハジン，どうしたの。）

Hajin : Hi, Eri. Where is the nurse's office?　（やあ，絵里。保健室はどこかな。）

Eri : Are you OK? It's on the first floor, near the entrance.
（大丈夫なの。1階の入口近くにあるよ。）

Hajin : I just cut my finger on some paper. Don't worry.　（紙で指を切っただけだよ。気にしないで。）

Eri : Let's go to the nurse's office together.　（いっしょに保健室に行きましょう。）

Hajin : Thanks, Eri. That's kind.　（ありがとう，絵里。親切だね。）

(2)

Hajin : I have one more question. Where are the computers? I want to use the Internet.
（もう1つ聞きたいことがあるんだ。パソコンはどこにあるのかな。インターネットを使いたいんだ。）

Eri : In the library. You can use them anytime.　（図書室にあるよ。いつでも使えるわ。）

Hajin : I see. Where is the library?　（わかった。図書室はどこかな。）

Eri : It's on the second floor, next to the stairs.　（2階の階段の横にあるわ。）

(3)

Hajin : By the way, you're in the drama club, right?　（ところで，絵里は演劇部なんだよね。）

Eri : Yes.　（そう。）

Hajin : Where do you practice?　（どこで練習しているの。）

Eri : Usually in the music room.　（普段は音楽室よ。）

Hajin : Where is the music room?　（音楽室はどこにあるのかな。）

Eri : It's on the third floor, between the science room and the art room. Do you want to
join us?　（3階の理科室と美術室の間にあるわ。演劇部に入部したいのかな。）

Hajin : Not right now, thanks.　（今はいいよ。ありがとう。）

Eri : OK. You can join us anytime, Hajin. Now, here is the nurse's room.
（わかったわ。ハジン，いつでも参加できるわ。さあ，ここが保健室よ。）

Hajin : Thanks a lot, Eri.　（どうもありがとう，絵里。）

Eri : You're welcome.　（どういたしまして。）

Part 2 (教科書 p.77) の音声の内容

解答は p.91 にあります。

ポイント 音声の内容は次の通りです。下線部に注意して，Ms. Rios が今いる場所をそれぞれ選び，□ に記号を書きましょう。

(1)

Welcome to Tokyo Tours.
（東京観光へ，ようこそ。）

Fasten your seat belt.
（シートベルトをお締めください。）

Please remain seated until the bus stops.
（バスが止まるまで座ってお待ちください。）

Please do not talk on the phone.
（携帯電話での通話はお控えください。）

And please don't leave any garbage inside the bus.
（また，バスの中にごみを残さないようにお気を付けください。）

Have a good day!
（よい一日をお過ごしください。）

(2)

Please don't touch any paintings.
（絵画には触れないでください。）

And please do not take pictures inside the building.
（また，建物内での写真撮影はご遠慮ください。）

You can leave your bags in the lockers next to the stairs.
（階段横のロッカーに荷物を預けることができます。）

And you can get coffee at the café on the second floor.
（また，2階のカフェでコーヒーを飲むことができます。）

Please come back to the entrance by 4 p.m.
（午後4時までに入口にお戻りください。）

(3)

You can do some shopping here.
（買い物はこちらでできます。）

You can get traditional Japanese goods.
（日本の伝統的な商品をご購入いただくことができます。）

You can also eat many kinds of Japanese food.
（また，さまざまな日本食もお召し上がりになれます。）

Don't miss this chance!
（この機会をお見逃しなく。）

OK, please follow me.
（では，ついてきてくださいね。）

→ 解答は p.93 にあります。

ポイント 音声の内容は次の通りです。下線部に注意して，Hajin の週末の予定に当てはまるものを選び，予定表に記号を書きましょう。

Kota : Hey, Hajin. Can you come to my house this weekend? I want to play a new video game with you.

（やあ，ハジン。今週末はぼくの家に来ることができるかな。新しいゲームをいっしょにやりたいんだ。）

Hajin : Sounds cool.

（いいね。）

Kota : Let's check our schedules. <u>You often play basketball, right?</u>

（お互いのスケジュールを確認しよう。ハジンはよくバスケットボールをしているよね。）

Hajin : Yes, that's right.

（そうだよ。）

Kota : OK. <u>When do you practice?</u>

（了解。いつ練習するのかな。）

Hajin : <u>On Saturday afternoon.</u>

（土曜日の午後だよ。）

Kota : I see. <u>How about Saturday morning, then?</u>

（そうなんだ。じゃあ，土曜日の午前中はどうかな。）

Hajin : <u>Sorry, I usually study Japanese in the morning.</u>

（ごめん，普段は午前中に日本語の勉強をしているんだ。）

Kota : OK. <u>What do you do on Sundays?</u>

（そうなんだ。日曜日は何をするの。）

Hajin : <u>I sometimes go shopping with my family in the morning.</u>

（午前中は家族と買い物に行くこともあるかな。）

Kota : You're so busy! Do you have any free time?

（忙しそうだね。暇な時間はあるのかな。）

Hajin : I'm usually free on Sunday afternoon. How about you?

（日曜日の午後はだいたい空いているよ。君はどうだい。）

Kota : I have no plans at all this Sunday. <u>OK, see you on Sunday afternoon!</u>

（今週の日曜日は全く予定がないよ。よし，日曜日の午後に会おう。）

Reading　Tina の通う本町中学校から，Ms. Rios に送られてきた学校公開日の案内状の一部です。
どんなことが書かれていますか。

1. 1-A 組の理科の授業を見学するには，何時にどこへ行けばよいでしょうか。
案内状の時間と場所を◯で囲みましょう。

[School Open Day]
（学校公開日）

Date : **Saturday, October 29**　　　Time : **9:45 – 12:35**
（日付：10月29日土曜日）　　　（時間：9：45 – 12：35）

	1-A		1-B	
Time （時間）	**Subject** （科目）	**Place** （場所）	**Subject** （科目）	**Place** （場所）
9:45 – 10:35	science （理科）	science room （理科室）	English （英語）	English room （英語室）
10:45 – 11:35	Japanese （国語）	library （図書室）	art （美術）	art room （美術室）
11:45 – 12:35	P.E. （体育）	schoolyard （校庭）	math （数学）	classroom （教室）

Notes
（注）

- **Please bring your own slippers.**
  （スリッパをお持ちください。）
- **Please use the main entrance.**
  （正門をご利用ください。）

- **Do not come to the school by car.**
  （車での来校はおやめください。）
- **Do not take pictures.**
  （写真撮影はおやめください。）

2. 注意事項として当てはまるものに ✔ を付けましょう。

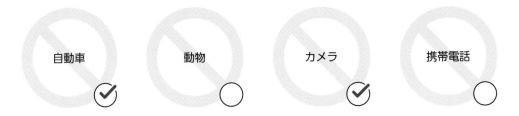

自動車　　　　　動物　　　　　カメラ　　　　　携帯電話

Speaking 学校公開の日，あなたの学校に海外の姉妹校からゲストが来ました。
校内のあなたのお気に入りの施設を紹介して，学校のよいところをアピールしましょう。

1. あなたの学校のお気に入りの施設について考えて，メモにまとめましょう。

● お気に入りの施設	[例] 図書館　the library	(例) the music room	（音楽室）
● 何をするか	宿題をする　I do my homework.	I play the piano.	（ピアノを弾く）
● いつ利用するか	放課後　After school.	During the lunch break.	（昼休みの間）
● どこにあるか	2階　On the second floor.	On the third floor.	（3階）

2. ペアになり，交替でゲスト役を演じて，お気に入りの校内施設についてたずねましょう。

解答例 A : What is your favorite place in the school?
（あなたの学校のお気に入りの施設は何ですか。）

B : It's the music room.
（音楽室です。）

A : What do you do there?
（あなたはそこで何をしますか。）

B : I play the piano.
（ピアノを弾きます。）

A : When do you go there?
（あなたはいつそこに行きますか。）

B : During the lunch break.
（昼休みの間です。）

A : Where is it?
（それはどこにありますか。）

B : On the third floor.
（3階です。）

Word Board
・ between classes
（授業の間）
・ during the lunch break
（昼休みの間）
・ after school
（放課後）

3. 5人からお気に入りの施設を聞き，あなたがいちばんよいと思った場所に○を付けましょう。

解答例

Name　（名前）	Place　（場所）	No. 1
Kana　（カナ）	art room　（美術室）	○

● New Words　**単語と語句**　アクセントの位置に注意して，声に出して発音しよう。

☐ *date* [déit]　名 （ある特定の）日

☐ schoolyard [skúːljàːrd]　名 校庭

☐ note(s) [nóut(s)]　名 注（釈），注解

☐ **please** [plíːz]　副 どうか，どうぞ

☐ **bring** [bríŋ]　動 （物）を持ってくる

☐ **own** [óun]　形 自分自身の

☐ **main** [méin]　形 主な，主要な

☐ **break** [bréik]　名 休憩，小休止

☐ after school　放課後

 ふり返り　**CAN-DO** 学校公開の案内状から，時間や場所などを読み取ることができる。　▶▶CAN-DO List (R-1)
CAN-DO お気に入りの学校内の施設について，たずね合うことができる。　▶▶CAN-DO List (SI-1)

落とし物

Goal　Speaking　落とし物の持ち主を探すやり取りができる。

落とし物を見つけたとき，何と言って持ち主を探しますか。
誰かのものだと伝えたいときには，何と言うとよいでしょうか。

Speak

1. ペアになり，下のやり取りを演じましょう。

Ms. Walker : **Whose** pencil case is that**?**　（あれは誰の筆箱ですか。）
Makoto : Pencil case?　Where?　（筆箱？　どこですか。）
Ms. Walker : It's under your desk. Is it **yours**?　（あなたの机の下です。あなたのものですか。）
Makoto : No, it's not **mine**.　（いいえ，私のものではありません。）
　　　　　Maybe it's Hiro**'s**.　（ヒロのものかもしれません。）
　　　　　Let's ask him.　（彼に聞いてみましょう。）

2. 上のやり取りの後，Ms. Walker は Hiro に声をかけます。
　どんなやり取りになるかを考えて演じましょう。

解答例　*Ms. Walker :* Is this yours, Hiro?　（ヒロ，これはあなたのものですか。）
　　　　　Hiro : Yes, it's mine. Thank you.　（はい，私のものです。ありがとう。）
　　　　Ms. Walker : You're welcome.　（どういたしまして。）

3. 落とし物の種類や見つけた場所を変えて，さらにやり取りをしましょう。

解答例　A : Whose eraser is that?
　　　　　（誰の消しゴムですか。）
　　　　B : Eraser?　Where?
　　　　　（消しゴム？　どこですか。）
　　　　A : It's in the box.　Is it yours?
　　　　　（箱の中です。あなたのものですか。）
　　　　B : No, it's not mine.
　　　　　（いいえ，私のものではありません。）
　　　　　Maybe it's Mai's.
　　　　　（マイのものかもしれません。）

Word Board
・bag / by the desk　（かばん／机の脇）
・eraser / in the box　（消しゴム／箱の中）
・ruler / under the desk　（定規／机の下）
・textbook / on the desk　（教科書／机の上）

● New Words　単語と語句　アクセントの位置に注意して，声に出して発音しよう。

☐ **Whose** [hú:z]　代〔whose ＋名詞で〕誰の

☐ case [kéis]　名 箱，容器，〜入れ

☐ pencil case [pénsəl kèis]　名 筆箱

☐ **under** [Λ́ndər]　前 〜の（真）下に〔の・を・へ〕

☐ desk [désk]　名 机

☐ **yours** [júərz]
　代 あなた（たち）のもの，君（たち）のもの

☐ **mine** [máin]　代 私のもの

☐ eraser [iréisər]　名 消しゴム

☐ **ruler** [rú:lər]　名 定規

☐ **textbook** [tékstbùk]　名 教科書，テキスト

☐ *on* [án]　前〔表面に接して〕〜の上に〔の〕

代名詞 （人や物事の代わりをする言葉）

● 場面と意味

Kota : That's Ms. Brown.　（あちらはブラウン先生です。）

She's our English teacher.　（彼女は私たちの英語の先生です。）

Her class is interesting.　（彼女の授業は面白いです。）

Think　（例）転校してきたハジンに，ブラウン先生について説明している。

● 代名詞の形

1　人や物事を表す言葉　〈人称代名詞〉　　▶Unit 1 2 3 4 5

主語の種類

I　〈1人称〉

日本語で自分のことを言うときは，「私は」「ぼくは」などいろいろな語を使いますが，英語では I だけです。

You　〈2人称〉

日本語で相手のことを言うときは，「あなたは」「君は」などいろいろな語を使いますが，英語では you だけです。性別・年齢・身分などと関係なく，you を使います。

he, she, it　〈3人称〉

自分と相手以外の人やもの (第三者) について言うときは，he，she，it を主語にします。

			主語に使う形 （〜は／〜が）	持ち主を表す形 （〜の）	目的語になる形 （〜を／〜に）	その人のものを表す形 （〜のもの）
自分	1人	私	I	my	me	mine
	複数	私たち	we	our	us	ours
相手	1人	あなた	you	your	you	yours
	複数	あなたたち				
それ以外	1人の男性	彼	he	his	him	his
	1人の女性	彼女	she	her	her	hers
	1つの物事	それ	it	its	it	—
	複数の人や物事	彼ら，それら	they	their	them	theirs

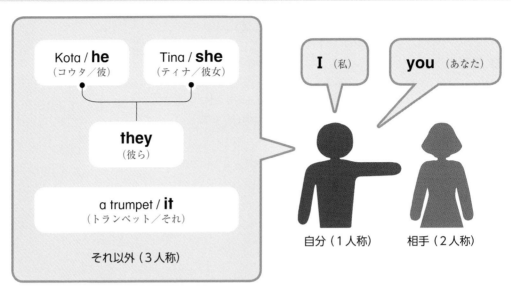

日本語に訳すときは，その人物に合わせて I「私は／ぼくは」や you「あなたは／君は」などと使い分けましょう。

2 特定の人や物事を指し示す言葉 〈指示代名詞〉 ▶Unit 2 3

	近くにある	遠くにある
1人の人，1つの物事	**this** （こちら，これ）	**that** （あちら，あれ）
複数の人や物事	**these** （これらの）	**those** （あれらの）

これらは主語に使うこともでき，名詞の前に置くこともできます。

Grammar Hunt　Unit 4，5 のストーリーを読み，代名詞を○で囲みましょう。
また，それぞれの代名詞が表しているものを確かめ，
その形と文の中でどのように使われているかについても確かめましょう。

解答例 Unit 4　Part 2

Tina : Eri, who's ⟨that⟩?
　Eri : Maybe ⟨he⟩'s a new student.

　　　　that：遠くにいる人，〈指示代名詞〉，ティナが遠くにいる人を指している
　　　　he：1人の男性，主語に使う形〈人称代名詞〉，a new student を指している

 New Words **単語と語句** アクセントの位置に注意して，声に出して発音しよう。

□ **us** [ʌs/əs] 代 私たちを [に]
□ **ours** [áuərz/ɑ:rz] 代 私たちのもの
□ *his* [híz/iz] 代 彼のもの
□ *her* [há:r/ər] 代 彼女を [に]
□ **hers** [há:rz] 代 彼女のもの

□ **its** [íts] 代 その，それの
□ **their** [ðéər/ðər] 代 彼 (女) らの，それらの
□ **theirs** [ðéərz] 代 彼 (女) らのもの，それらのもの
□ **these** [ðí:z] 代 〔this の複数形〕これら，これ

Goal

Reading
紹介文から，その人物が誰かを読み取ることができる

Writing
身近な人の基本的な情報を伝える，紹介文を書くことができる。

元気を出して，Tina

Cheer Up, Tina

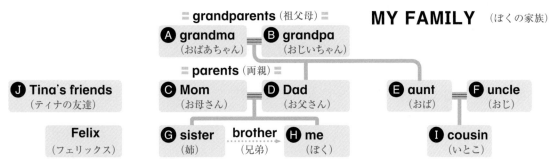

= grandparents（祖父母）**=**

MY FAMILY（ぼくの家族）

Ⓐ **grandma**（おばあちゃん）＝ Ⓑ **grandpa**（おじいちゃん）

= parents（両親）**=**

Ⓙ **Tina's friends**（ティナの友達）

Ⓒ **Mom**（お母さん）＝ Ⓓ **Dad**（お父さん）　　Ⓔ **aunt**（おば）＝ Ⓕ **uncle**（おじ）

Felix（フェリックス）

Ⓖ **sister**（姉）　**brother**（兄弟）　Ⓗ **me**（ぼく）　　Ⓘ **cousin**（いとこ）

 教科書pp.84-85の絵を見て，ストーリーの話題を予測する

・ **About You** あなたの身近に，すてきな人はいますか。　（例）先生

・Nick や Tina の身近には，どのような人がいるのでしょうか。
（例）家族，ティナの友達

  ストーリーのおおまかな内容をつかむ

1. 音声を聞き，Nick の話に出た人の絵を教科書p.85から4つ選んで（　）に記号を書きましょう。　　　　（ G ）（ A ）（ B ）（ J ）

2. 映像を見て，内容を確かめましょう。

● **New Words**　**単語と語句**　アクセントの位置に注意して，声に出して発音しよう。

□ **cheer** [tʃíər] 動 元気づく

□ **grandmother** [grǽndmλ̀ðər] 名 祖母
　→ **grandma** [grǽndmὰː] 名 おばあちゃん

□ **grandfather** [grǽndfὰːðər] 名 祖父
　→ **grandpa** [grǽndpὰː] 名 おじいちゃん

□ **parent(s)** [péərənt(s)] 名 親

□ **mother** [mλ́ðər] 名 母親 → **mom** [mάm] 名 お母さん，ママ

□ **father** [fάːðər] 名 父親
　→ **dad** [dǽd] 名 父さん，パパ

□ **aunt** [ǽnt] 名 叔母，伯母

□ **uncle** [λ́ŋkl] 名 叔父，伯父

□ **cousin** [kλ́zn] 名 いとこ

□ **cheer up** 元気になる，元気を出す

Unit 6 Part 1 Tina はこんなお姉さん

 教科書 86ページ

➡ 本文の解説は p.112にあります。

Q. 普段の Tina はどのような様子でしょうか。

A.（例）とても活発。一生懸命勉強する。たくさんの友達がいる。歌うことと踊ることが好き。

① Tina's my sister.
ティナはぼくの姉です。

② She's very active.
彼女はとても活発です。

③ She studies hard every day.
毎日一生懸命勉強します。

④ She has a lot of friends.
彼女にはたくさんの友達がいます。

⑤ She likes singing and dancing.
彼女は歌うことと踊ることが好きです。

⑥ But these days she's a little quiet.
だけど，最近ちょっとおとなしいんです。

New Words 単語と語句 アクセントの位置に注意して，声に出して発音しよう。

□ **very** [véri] 副 非常に，とても

□ **active** [ǽktiv] 形 活発な，元気な

□ *study* [stʌ́di] 動 勉強する

□ **hard** [hɑ́ːrd] 副 熱心に，懸命に

□ **have** [hǽv/əv] 動 (友人・親類など) がいる，(動物) を飼う
　→ **has** [hǽz/əz] 動 have の3人称単数現在形

□ **lot** [lɑ́t] 代〔a を付けて〕たくさんのこと

□ *of* [ʌ́v/əv] 前〔分量・種類〕～の量の，～の種類の

□ *sing* [síŋ] 動 歌う

□ *these* [ðíːz] 形 これらの，近頃の

□ **quiet** [kwáiət] 形 静かな，無口な，おとなしい

□ a lot of ～　たくさんの～

□ these days　近頃では，最近

-106-

Listen Hajin が Kota に家族を紹介しています。教科書 p.87 の絵を見て，それぞれの人物に当てはまる情報を選び，□ に記号を書きましょう。

➡ 音声の内容は p.115 にあります。

(1) B   (2) C   (3) A

A speaks English well （上手に英語を話す）

B reads a lot of books （たくさんの本を読む）

C gets up early （早起きする）

D cooks every morning （毎朝，料理する）

Speak

1. **About You** ペアになり，お互いにインタビューをして，見習いたいと思うところを1つ以上見つけましょう。

[例] A : Do you get up early? （あなたは早起きしますか。）
B : No, I don't. （いいえ，しません。）
A : Do you read a newspaper every day? （あなたは毎日，新聞を読みますか。）
B : Yes, I do. （はい，読みます。）

解答例 A : Do you run every day? （あなたは毎日走りますか。）
B : Yes, I do. （はい，走ります。）
A : You are nice. （あなたはすばらしい。）
You run every day. （あなたは毎日走ります。）

2. 友達の見習いたいと思うところを，他のクラスメートに紹介しましょう。

[例] This is Miki. （こちらはミキです。）
She's great. （彼女はすばらしい。）
She reads a newspaper every day. （彼女は毎日，新聞を読みます。）

解答例 This is Shota. （こちらはショウタです。）
He is great. （彼はすばらしい。）
He studies English every day. （彼は毎日，英語を勉強します。）

Write 紹介した内容を書きましょう。

Speak 2. の解答例参照。

基本文
自分と相手以外の人がすることを言う。
I   like   singing and dancing. （私は歌うことと踊ることが好きです。）
She like**s** singing and dancing. （彼女は歌うことと踊ることが好きです。）

▶ Active Grammar pp.120-121

●**New Words** 単語と語句 アクセントの位置に注意して，声に出して発音しよう。

□ **speak(s)** [spíːk(s)] 動 (ある言語を)話す，話す能力がある

□ *great* [gréit] 形 すばらしい，最高の

□ *get* [gét] 動 (〜の状態に) なる

□ **newspaper** [njúːzpèipər] 名 新聞

□ **early** [áːrli] 副 〔ある期間の中で〕早く

□ **get up** 起きる，起床する

□ **cook** [kúk] 動 料理をする

Tina はどうしたの

→ 本文の解説はpp.113-114にあります。

Q. Tina のおじいさんとおばあさんは Tina について何をたずねましたか。

A. （例）どこにいるか。風邪をひいているのかどうか。

On a video call:
テレビ電話にて：

Nick : ① Hi, Grandpa. ② Hi, Grandma.
ニック： おじいちゃん，おばあちゃん，こんにちは。

Grandma : ③ Hi, Nick. ④ It's almost Christmas.
おばあちゃん： やあ，ニック。 もうすぐクリスマスね。

⑤ What do you want for Christmas?
クリスマスには何が欲しい？

Nick : ⑥ A soccer ball.
ニック： サッカーボール。

Ms. Rios : ⑦ A soccer ball, *please.*
リオスさん： サッカーボールをお願いします，でしょ。

Nick : ⑧ Sorry. ⑨ A soccer ball, please.
ニック： ごめんなさい。サッカーボールをお願いします。

Grandma : ⑩ All right.
おばあちゃん： わかったわ。

Grandpa : ⑪ Where's Tina?
おじいちゃん： ティナはどこだい？

Mr. Rios : ⑫ She's in bed.
リオスさん： ベッドで寝ているよ。

Grandma : ⑬ Oh dear. ⑭ Does she have a cold?
おばあちゃん： あらまあ。 風邪をひいたの？

Mr. Rios : ⑮ No, she doesn't.
リオスさん： いや，違うんだ。

New Words 単語と語句 アクセントの位置に注意して，声に出して発音しよう。

□ *call* [kɔ́:l] 名 電話をかけること，通話
□ video call テレビ電話
□ **almost** [ɔ́:lmoust] 副 ほとんど，ほぼ，もう少しで
□ Christmas [krísməs] 名 クリスマス
□ **for** [fɔ́:r/fər] 前〔目的・目標・用途〕〜のために[の]
□ **ball** [bɔ́:l] 名 ボール
□ **sorry** [sári] 形 すまなく思って

□ **all right** [ɔ́:l ráit] 間 よろしい
□ dear [díər] 間 おや，まあ
do [dú:/də] 助〔疑問文をつくる〕
→ □ **does** [dʌ́z] 助 do の3人称単数現在形
□ *have* [hæv/əv] 動 （病気）にかかっている
□ **cold** [kóuld] 名 風邪
□ in bed （ベッドで）寝ている
□ have a cold 風邪をひいている

Nick が写真を見せながら，Kota に親戚を紹介しています。
表の項目に当てはまるものを下から選び，表に記号を書きましょう。　→ 音声の内容はp.116にあります。

	(1) Paul	(2) Carlos	(3) Jeanne
lives in ～　（～に住む）	A	C	B
likes ～　（～が好き）	E	G	F
works at ～　（～で働く）	J	I	L

A France （フランス）　B Puerto Rico （プエルトリコ）　C the U.S. （アメリカ合衆国）　D China （中国）

E soccer （サッカー）　F animals （動物）　G music （音楽）　H art （美術）

I a station （駅）　J a restaurant （レストラン）　K a zoo （動物園）　L an animal hospital （動物病院）

ペアになり，教科書の登場人物について，1人3つ以上質問を出し合いましょう。
答えがどのページに掲載されているか，お互いに確認しましょう。

［例］　A：Does Eri play the drums?　（絵里はドラムを演奏しますか。）
　　　　B：No, she doesn't. But she plays the piano.　（→ p.20）
　　　　（いいえ，しません。しかし，ピアノは演奏します。）

解答例　A：Does Kota play the trumpet?　（コウタはトランペットを演奏しますか。）
　　　　B：Yes, he does.　（→ p.34）（はい，します。）
　　　　A：Does Nick like dancing?　（ニックは踊ることが好きですか。）
　　　　B：Yes, he does.　（→ p.50）（はい，好きです。）
　　　　A：Does Tina like music?　（ティナは音楽が好きですか。）
　　　　B：Yes, she does. She likes sports, too.　（→ p.20）
　　　　（はい，好きです。彼女はスポーツも好きです。）

自分がした質問を1つを選んで書きましょう。

Speak の解答例参照。

基本文
自分と相手以外の人がすることをたずねる。
Do　you have a cold?　（あなたは風邪をひいていますか。）
　　She has　a cold.　（彼女は風邪をひいています。）
Does she have a cold?　（彼女は風邪をひいていますか。）
— Yes, **she does**. / No, **she doesn't**.　（はい，ひいています。／いいえ，ひいていません。）
▶ Active Grammar　pp.120-121

● New Words　単語と語句　アクセントの位置に注意して，声に出して発音しよう。

□ **live(s)** [lív(z)] 動 住む，住んでいる
□ **work(s)** [wá:rk(s)] 動 働く，勤めている
□ Puerto Rico [pwèərtə rí:kou]
　名 プエルトリコ〔西インド諸島中の島〕
□ **station** [stéiʃən] 名 駅
□ **restaurant** [réstərənt] 名 レストラン
□ **hospital** [háspitl] 名 病院
□ live in ～　～に住んでいる [住む]

➡ 本文の解説はp.114にあります。

Q. Nick は，Tina のどのようなことを気にしていますか。

A.（例）元気がなくて，自分と遊んでくれないこと。

Grandpa : ① Does she sleep well?
おじいちゃん： 　彼女はよく眠れているのかい？

Ms. Rios : ② Yes, she does. ③ She sleeps a lot.
リオスさん： 　ええ，眠れています。 　たくさん寝ます。

Mr. Rios : ④ But she doesn't go to school.
リオスさん： 　だけど学校に行かないんだ。

Nick : ⑤ She doesn't play with me, either!
ニック： 　それにぼくと遊んでもくれない！

Grandma : ⑥ Does she have friends?
おばあちゃん： 　彼女に友達はいるの？

Nick : ⑦ Sure. ⑧ Kota, Eri, and Hajin. ⑨ They're nice.
ニック： 　もちろん。 コウタ，絵里，ハジン。 　よい人たちだよ。

Grandpa : ⑩ I see. ⑪ Don't worry, Nick.
おじいちゃん： 　なるほど。 　ニック，心配しなくていいよ。

⑫ She's a little bit tired.
　彼女はちょっと疲れているんだ。

Grandma : ⑬ Yes, she needs some rest.
おばあちゃん： 　そうね，ちょっと休息が必要なのよ。

Think Tina はどうして疲れているのでしょうか。
（例）環境が大きく変わったから。

New Words **単語と語句** アクセントの位置に注意して，声に出して発音しよう。

☐ **sleep** [slíːp] 動 眠る，睡眠をとる	☐ **worry** [wə́ːri] 動 心配する，気にする，悩む
☐ *well* [wél] 副 よく，十分に	☐ **bit** [bít] 名 少し，ちょっと
☐ *lot* [lát] 副〔αを付けて〕よく，大いに	☐ **need(s)** [níːd(z)] 動 ～を必要とする
☐ *play* [pléi] 動 遊ぶ	☐ **some** [sʌ́m/səm]
☐ **either** [íːðər]	形〔普通，肯定文で〕いくらかの，何人かの
副〔否定文で〕～もまた…しない［でない］	☐ **rest** [rést] 名 休息，休憩
☐ **sure** [ʃúər]	☐ **a little bit** 〔副詞的に用いて〕少し，ちょっと
副〔返答として〕はい，もちろん，その通り	

Tina のおじいさん (Grandpa) が，Nick の家での様子について，Ms. Rios にたずねています。Nick が家ですることに○，しないことに×を □ に書きましょう。

➡ 音声の内容はp.117にあります。

A study at home（宿題をする）

B play video games（テレビゲームをする）

C go to bed before ten（10時までに寝る）

D set the table（食卓の用意をする）

E take out the garbage（ごみを出す）

F wash the dishes（皿洗いをする）

 1. **About You** ペアで家ですることをたずね合い，Yes か No を○で囲みましょう。

Do you 〜 at home?（あなたは家で〜しますか？）	You（あなた）	Your friend（あなたの友達）
(1) wash the dishes（皿洗いをする）〔解答例〕	(Yes.)/ No.（はい，します。／いいえ，しません。）	Yes. /(No.)
(2) clear the table（食事の後片づけをする）	Yes. /(No.)	(Yes.)/ No.
(3)（自分で考えて）cook breakfast（朝食を作る）	(Yes.)/ No.	(Yes.)/ No.

2. 友達が家でしないこと・することについて，発表しましょう。

［例］ Ken doesn't wash the dishes, but he clears the table.
（ケンは皿洗いをしませんが，食事の後片づけはします。）

〔解答例〕 Yui doesn't clear the table, but she cooks breakfast.
（ユイは食事の後片づけはしませんが，朝食は作ります。）

 About You 発表した内容を書きましょう。

Speak の解答例参照。

基本文
自分と相手以外の人がしないことを言う。
I don't go to school.（私は学校に行きません。）
She goes to school.（彼女は学校に行きます。）
She doesn't go to school.（彼女は学校に行きません。）

▶ Active Grammar pp.120-121

● New Words 単語と語句 アクセントの位置に注意して，声に出して発音しよう。

□ *game* [géim] 名（娯楽の）ゲーム
□ video game(s) [vídiou gèim(z)] 名 テレビゲーム
□ **set** [sét] 動（食卓）の準備をする
□ **table** [téibl] 名 食卓，テーブル
□ **garbage** [gáːrbidʒ] 名 ごみ，生ごみ
□ **wash** [wáʃ] 動 〜を洗う

□ **dish(es)** [díʃ(iz)] 名 皿 〔the dishes〕（食事で用意された）食器類
□ *clear* [klíər] 動 〜を片づける
□ set the table 食卓の用意をする
□ take out the garbage ごみを出す
□ wash the dishes 皿洗いをする
□ clear the table 食事の後片づけをする

Part 1

自分と相手以外の人がすることを言う。

① I   like singing and dancing.　（私は歌うことと踊ることが好きです。）

② She likes singing and dancing.　（彼女は歌うことと踊ることが好きです。）

学習のポイント

動詞の -(e)s形

主語が He，She，It，人の名前など **I，you** 以外で単数（1人や1つのもの）のときは，like などの一般動詞は語尾に **-(e)s** を付けた形を使います。この形を**3人称単数現在形**といいます。

主語が I, you：I   like music.　（私は音楽が好きです。）

↓動詞の語尾に **-(e)s** を付ける。

主語が3人称単数：She likes music.　（彼女は音楽が好きです。）

＜-(e)s の付け方＞

一般動詞の語尾に -s が付くか -es が付くかは，それぞれの動詞の語尾によって決まります。

1. 普通の語は **-s** を付ける。　　例）wake ＞ wake**s**　　play ＞ play**s**

2. -o や -ch などで終わる語は **-es** を付ける。

例）go ＞ go**es**　　watch ＞ watch**es**

3. 〈子音字＋y〉で終わる語は y を i に変えて **-es** を付ける。

例）study ＞ stud**ies**

4. have は **-(e)s** を付けず，has という形になる。

本文の解説

③ **She studies hard every day.**

主語が she のとき，一般動詞には語尾に **-(e)s** を付けます。**study**（**勉強する**）の3人称単数現在形は，**studies** です。study は〈子音字＋y〉で終わる語なので，原形（ -(e)s の付かない形）の末尾の y を i に変えて **-es** を付けます。**hard** は，「**熱心に，懸命に**」という意味の副詞で，直前の動詞（study）の様子を説明しています。

④ **She has a lot of friends.**

has は **have**（**～を持っている**）の3人称単数現在形です。have は原形に -s を付けるのではなく，特別な形 has を使います。**a lot of ～**は「**たくさんの～**」という意味で，その後に続く名詞は，数えられる名詞の場合は複数形にします。

⑤ **She likes singing and dancing.**

likes は **like**（**～が好き**）の3人称単数現在形で，原形に **-s** を付けます。

⑥ **But these days she's a little quiet.**

these days は「**近頃では**」という意味で，このように文のはじめに置くことも，最後に置くこともあります。

a little は「**少し（は）**」という意味で，直後の形容詞 **quiet**（**静かな**）の程度を説明しています。

基本文

自分と相手以外の人がすることをたずねる。

① **Do** **you** have a cold? （あなたは風邪をひいていますか。）

② **She** has a cold. （彼女は風邪をひいています。）

③ **Does** she have a cold? （彼女は風邪をひいていますか。）

④ ― **Yes, she does. / No, she doesn't.** （はい, ひいています。／いいえ, ひいていません。）

学習のポイント

Does he / she ...?

①②③ 主語が I, you や複数のときの一般動詞の文を疑問文にするときは主語の前に **Do** を置きましたが, 主語が3人称単数のときは, 主語の前に **Does** を置き, 〈**Does ＋主語＋動詞の原形～?**〉の語順になります。後に続く動詞は原形 (-(e)s の付かない形) を使います。

肯定文: **Tina** likes music. （ティナは音楽が好きです。）

↓主語の前に **Does** を置く。

疑問文: **Does Tina** like music? （ティナは音楽が好きですか。）

↑動詞は原形にする。

④ **Does ...?** の疑問文には, **does** を使って答えます。Yes のときは〈**Yes, 主語 ＋does.**〉, No のときは〈**No, 主語 ＋ doesn't.**〉の形を使います。**doesn't** は does not の短縮形です。

本文の解説

教科書 p.88

④ It's almost Christmas.

この文の **It** は時間・天候などを表す主語です。**almost** は「ほとんど」という意味です。ここでは, もうすぐクリスマスであることを表しています。

⑦ A soccer ball, *please*. (→教科書p.88　KEY)

A soccer ball, *please*. は, Nick がその前に言った **A soccer ball** に **please** を付けて, 言い換えています。please を付けると「どうぞ～」と丁寧な言い方になります。お願いするときは丁寧な言い方にします。

⑧ Sorry. (→教科書p.88　表現) ⑩ All right. (→教科書p.88　表現)

Sorry. は, 「ごめんなさい。」という謝るときの表現です。**All right.** は, Sorry. と謝ったのを受け, その謝罪を受け入れ納得したことを伝える表現です。

⑫ She's in bed.

where のような疑問詞で始まる疑問文には Yes や No で答えません。Where is [are] ～? の疑問文には, **in bed** (ベッドで寝ている) のように場所を表す語句を使って答えます。**in** は, 「～に [で]」と時間・位置を表す前置詞です。

⑭ Does she have a cold?

she のように主語が3人称 (I, you 以外) で単数のときは, 主語の前に **Does** を置いて, 一般動詞の疑問文を作ります。このとき, 後に続く動詞は原形を使います。**have a cold** は「風邪をひいている」の意味を表します。この **cold** は「寒い」という形容詞ではなく, 「風邪」という名詞です。

⑮ **No, she doesn't.**

Does 〜? の疑問文には **does** を使って答えます。Yes のときは〈**Yes, 主語 + does.**〉,No のときは〈**No, 主語 + doesn't[does not].**〉の形を使います。

Part 3

基本文	自分と相手以外の人がしないことを言う。 ① I **don't** go to school. （私は学校に行きません。） ② She **goes** to school. （彼女は学校に行きます。） ③ She **doesn't** go to school. （彼女は学校に行きません。）

学習のポイント

He / She doesn't ....

主語が I, you や複数のときの一般動詞の文を否定文にするときは,動詞の前に don't を置きましたが,主語が3人称単数のときは,動詞の前に **doesn't[does not]** を置いて,〈**主語 + doesn't[does not] + 動詞の原形〜.**〉の語順になります。このとき,疑問文と同様,後に続く動詞は原形になるので注意しましょう。

肯定文: She   **goes** to school. （彼女は学校に行きます。）

↓動詞の前に **doesn't** を置く。

否定文: She **doesn't go**   to school. （彼女は学校に行きません。）

↑動詞は原形にする。

本文の解説

教科書 p.90

④ **But she doesn't go to school.**

主語が3人称単数のときの一般動詞の否定文は,動詞の前に **doesn't[does not]** を置き,〈**主語 + doesn't[does not] + 動詞の原形〜.**〉の語順になります。このとき,疑問文と同様,後に続く動詞は原形を使います。

---

⑦ **Sure.** (→教科書p.90　表現)

Sure. は,「**もちろん。**」と,強く肯定するときに使う表現です。

---

⑩ **I see.**

I see. は,「**わかりました[なるほど]。**」と,納得したときに使う表現です。

---

⑪ **Don't worry, Nick.** (→教科書p.90　表現)

Don't worry. は,「**心配しないで。**」と相手を励ましたり,慰めたりするときに使います。よびかけ (Nick) は,最後を上げ調子に言いましょう。

---

⑫ **She's a little bit tired.**

a little bit は,「**少し,ちょっと**」と,いう程度を表す表現です。

---

⑬ **Yes, she needs some rest.**

主語が she なので,「**〜を必要とする**」という意味の動詞の **need** の語尾に s が付いています。**some** は「**いくらかの**」という意味の副詞で,「**休息**」という意味の名詞,**rest** にかかっています。

Unit 6 音声の内容

Part 1 (教科書 p.87) の音声の内容

➡ 解答は p.107にあります。

ポイント 音声の内容は次の通りです。下線部に注意して，それぞれの人物に当てはまる情報を選び，□ に記号を書きましょう。

(1)

Look at this photo. （この写真を見てください。）

It's my family. （私の家族です。）

This is my father. （これは私の父です。）

He's a teacher. （先生をしています。）

He teaches Korean at a university. （大学で韓国語を教えているんです。）

He reads a lot of books. （たくさんの本を読んでいます。）

(2)

This is my mother. （これは私の母です。）

She's a designer. （デザイナーをしています。）

She's good at painting. （絵を描くのが得意です。）

She gets up early every morning. （毎朝，早起きしています。）

She gets up at five! （5時に起きるんですよ！）

She likes going for a walk early in the morning. （早朝に散歩をするのが好きなんです。）

(3)

This is my sister. （これは私の姉です。）

She lives in Singapore. （シンガポールに住んでいます。）

She studies at university there. （シンガポールの大学に通っています。）

She speaks English really well. （英語をとても上手に話します。）

As you know, she can play the trumpet.

（このあいだも言いましたが，彼女はトランペットを演奏することができます。）

解答はp.109にあります。

ポイント 音声の内容は次の通りです。下線部に注意して，表の項目に当てはまるものを選び，表に記号を書きましょう。

(1)

Nick : This is Paul. He's my cousin. <u>He lives in France.</u>

（これはポール。ぼくのいとこだよ。フランスに住んでいるんだ。）

Kota : Does he like sports?

（彼はスポーツが好きかな。）

Nick : Yes, he does. <u>He likes soccer.</u> He plays soccer every Sunday.

（うん，好きだよ。サッカーが好きなんだ。毎日曜日，サッカーをしているんだ。）

Kota : What does he do?

（何をしている人なの。）

Nick : <u>He works at a restaurant.</u> He's a chef.

（レストランで働いているよ。シェフなんだ。）

(2)

Nick : This is Carlos. He's my uncle. <u>He lives in the U.S.</u>

（これはカルロス。ぼくのおじだよ。アメリカに住んでいるんだ。）

Kota : Does he like sports?

（彼はスポーツが好きかな。）

Nick : No, he doesn't. <u>He likes music.</u> He plays the guitar. He can play it very well.

（いや，好きじゃないよ。音楽が好きなんだ。ギターを弾くよ。すごく上手なんだ。）

Kota : Great. Is he a musician?

（いいね。ミュージシャンなのかな。）

Nick : No, he isn't. <u>He works at a station.</u>

（違うよ。彼は駅で働いているんだ。）

(3)

Nick : This is Jeanne. She's my aunt. <u>She lives in Puerto Rico.</u>

（これがジャンヌ。ぼくのおばだよ。プエルトリコに住んでいるんだ。）

Kota : Does she like animals?

（動物が好きなのかな。）

Nick : Yes, she does. <u>She likes animals very much.</u> She has three dogs and four cats.

（そう。動物がとても好きなんだ。犬を3匹とネコを4匹飼っているよ。）

Kota : Is she a vet?

（獣医なのかな。）

Nick : Yes, she is. <u>She works at an animal hospital.</u>

（そうだよ。動物病院で働いているんだ。）

解答はp.111にあります。

ポイント 音声の内容は次の通りです。下線部に注意して，Nick が家ですることに○，しないことに×を □ に書きましょう。

Grandpa : Elena, how is Nick?

（エレナ，ニックはどうしているんだい。）

Ms. Rios : He's fine. He talks about his school life every day.

（元気よ。毎日，学校のことを話してくれるわ。）

Grandpa : That's nice. Does he enjoy school?

（それはいいね。彼は学校を楽しんでいるのかな。）

Ms. Rios : Yes, but he doesn't study at home. He always wants to play video games.

（ええ。でも，家では勉強しないのよ。いつもテレビゲームをしたがっているわ。）

Grandpa : Well, that's natural. Kids like games.

（まあ，自然なことだよ。子供はゲームが好きなんだから。）

Ms. Rios : He plays too much. He doesn't go to bed before ten. So he sometimes gets up late.

（遊びすぎよ。10時までに寝ないの。だから夜ふかしすることもあるのよ。）

Grandpa : Really? That's not good. By the way, does he help you at home?

（そうかい。それはよくないね。ところで，彼は家で手伝いをしてくれるのかな。）

Ms. Rios : Yes. He sets the table every day. And he likes cooking. He sometimes helps me with cooking. And he sometimes takes out the garbage.

（ええ。毎日食卓の用意をしてくれるわ。料理が好きなの。ときどき料理も手伝ってくれる。そして，ときどきごみを出すこともしてくれるの。）

Grandpa : Oh, that's great.

（ああ，それはいいね。）

Ms. Rios : But he doesn't wash the dishes.

（でも，皿洗いはしてくれないの。）

Grandpa : Mmm ... no one likes that!

（うーん……，まあ，皿洗いが好きな人はいないからね。）

Reading Eri が学級新聞のために，友達の写真に添える紹介文を下書きしています。
誰のことを紹介しているか，考えながら読みましょう。

This is my friend. Her name is ___Tina___.
（こちらは私の友達です。名前は ティナ です。）

(1)She lives in Honcho.
（彼女は本町に住んでいます。）

She is a junior high school student.
（彼女は中学生です。）

We go to the same school.
（私たちは同じ学校に通っています。）

She comes from the U.S.
（彼女はアメリカから来ました。）

(2)She studies Japanese very hard. She takes classes with us.
（とても一生懸命日本語を勉強しています。私たちといっしょに授業を受けています。）

(3)She doesn't give up easily.
（彼女は簡単に諦めません。）

(3)She always smiles.
（いつも笑顔です。）

I like her very much.
（私は彼女がとても好きです。）　　　　　　　　　　　　[52 words]　[52語]

---

1. (1) ～ (3) の質問の答えとなる文に線を引きましょう。

(1) Where does she live?　（彼女はどこに住んでいますか。）
(2) What does she do very hard?　（彼女は何を一生懸命行っていますか。）
(3) Why does Eri like her?　（なぜ絵里は彼女が好きなのですか。）

2. Eri は誰のことを紹介しているでしょうか。　Tina

 New Words　**単語と語句** アクセントの位置に注意して，声に出して発音しよう。

□ **junior** [dʒúːniər] 形 下位の，下級の	□ **easily** [íːzili] 副 容易に
□ **high** [hái] 形 高い，高等の	□ *smile* [smáil] 動 ほほえむ，微笑する
□ **junior high school** [dʒúːniər hái skùːl] 名 中学校	□ come from ～ (場所) の出身である
□ **same** [séim] 形 同じ	□ take a class 授業を受ける
□ *take* [téik] 動 (授業・試験など) を受ける	□ give up 諦める
□ **give** [gív] 動 与える，あげる	□ very much とても

Writing クラスの友達に向けて，あなたの身近なすてきな人を紹介する文を書きましょう。

1. 紹介したい人の情報をメモにまとめましょう。

● 自分との関係・名前	（例）兄，中村　博
● 職業・特技など	英語の先生，英語の歌を上手に歌うことができる
● 好きなところ・よさ	いっしょに英語の歌を歌ってくれる，親切，おもしろい
● その人に対する自分の気持ち	とても好き

2. 上のメモを元に，紹介文を書いてみましょう。

解答例

This is my brother.
（これは私の兄です。）

His name is Nakamura Hiroshi.
（彼の名前は中村博です。）

He is an English teacher.
（彼は英語の先生です。）

He can sing very well in English.
（彼は英語の歌を上手に歌うことができます。）

We sometimes sing some English songs together.
（私たちはときどき，英語の歌をいっしょに歌います。）

He is kind and funny.
（彼は親切でおもしろいです。）

I like him very much.
（私は彼がとても好きです。）

ふり返り

CAN-DO 紹介文から，その人物が誰かを読み取ることができる。　　▶▶CAN-DO List（R-1）

CAN-DO 身近な人の基本的な情報を伝える，紹介文を書くことができる。　　▶▶CAN-DO List（W-2）

Active Grammar ❸

is / 3人称単数現在形 （自分と相手以外のことを伝える言い方）

● 場面と意味

Grandpa : Where's Tina?
（ティナはどこだい？）

Mr. Rios : She's in bed.
（ベッドで寝ているよ。）

Grandma : Oh, dear. Does she have a cold?
（あらまあ。風邪をひいているの？）

Mr. Rios : No, she doesn't.
（いや，違うんだ。）

Think　（例）ティナの父がティナについて，離れたところに住む祖父母と電話で話している。

● 文の形

1　is　〈3人称単数のときの be 動詞〉	▶ Unit 4-1 4-3

肯定文	◁ Hajin ▷ **is** from Korea.
	（ハジンは韓国出身です。）

疑問文	**Is** ◁ he ▷ from Australia**?**
	（彼はオーストラリア出身ですか。）
	— Yes, **he is**. / No, **he is not**.
	（はい，そうです。／いいえ，違います。）

否定文	◁ He ▷ **is** not from Australia.
	（彼はオーストラリア出身ではありません。）

疑問文は，is を主語の前に置きます。
否定文は，is の後に not を置きます。

▶ 主語と be 動詞

he / she / it this / that	**is**

▶ 短縮形

he is	**he's**
she is	**she's**
it is	**it's**
that is	**that's**
is not	**isn't**

2　3人称単数現在形　〈3人称単数のときの一般動詞〉

▶Unit 6-1　6-2　6-3

肯定文	Tina plays the drums. （ティナはドラムを演奏します。）
疑問文	Does she play the trumpet? （彼女はトランペットを演奏しますか。） — Yes, she does. / No, she does not. （はい，演奏します。／いいえ，演奏しません。）
否定文	She does not play the trumpet. （彼女はトランペットを演奏しません。）

疑問文は，Does を主語の前に置きます。動詞は原形にします。
否定文は，動詞の前に does not [doesn't] を置きます。動詞は元の形（原形）にします。

▶動詞の −(e)s 形と発音

come	comes	
go	goes	[z]
study	studies	
sleep	sleeps	[s]
eat	eats	[ts]
wash	washes	[iz]

▶短縮形

does not	doesn't

Grammar Hunt

Unit 4，5，6 のストーリーを読み，is と語尾に −(e)s の付いた一般動詞を○で囲みましょう。
また，それぞれの文の主語を確かめましょう。

解答例　Unit 6　Part 1
Tina's my sister.
She's very active.
She studies hard every day.
She has a lot of friends.
She likes singing and dancing.
But these days she's a little quiet.　　主語は Tina，she

+1　Unit 1 のストーリーの絵を見て，登場人物について説明してみましょう。

解答例　Tina is from New York.
（ティナはニューヨーク出身です。）
She likes music and sports.
（彼女は音楽とスポーツが好きです。）

カフェ

Goal **Speaking** 飲食店で，注文をするやり取りができる。

外国のカフェで朝食をとることになりました。
どのように注文するとよいでしょうか。

1. ペアになり，下のやり取りを演じましょう。

客：**Can** I have the breakfast special**?** （モーニングセットをいただけますか。）
店員：**Which** would you like, bacon **or** sausage**?** （ベーコンとソーセージのどちらがよろしいですか。）
客：**I'd like** bacon. （ベーコンがいいです。）
店員：Sure. Anything else? （かしこまりました。他に何かいかがでしょうか。）
客：Yogurt, please. **How much** is that in total**?** （ヨーグルトをお願いします。全部でいくらですか。）
店員：In total ... 10 dollars. （全部で……10ドルです。）

2. 教科書p.95のメニューを見て食べたいものを決め，ペアで注文をするやり取りをしましょう。

解答例 客：Can I have the breakfast special?
（モーニングセットをいただけますか。）
店員：Which would you like, bacon or sausage?
（ベーコンとソーセージのどちらがよろしいですか。）
客：I'd like sausage. （ソーセージがいいです。）
店員：Sure. Anything else? （かしこまりました。他に何かいかがでしょうか。）
客：An omelet, please. How much is that in total?
（オムレツをお願いします。全部でいくらですか。）
店員：In total ... 13 dollars. （全部で……13ドルです。）

● New Words **単語と語句** アクセントの位置に注意して，声に出して発音しよう。

- *can* [kǽn/kən] 助 〜してもよい
- **breakfast** [brékfəst] 名 朝食
- **special** [spéʃəl] 名 本日のおすすめ
- bacon [béikən] 名 ベーコン
- toast [tóust] 名 トースト
- sausage [sɔ́:sidʒ] 名 ソーセージ
- omelet [ámələt] 名 オムレツ
- pancake(s) [pǽnkèik(s)] 名 パンケーキ
- side(s) [sáid(z)] 名 添え料理
- **salad** [sǽləd] 名 サラダ
- *drink* [dríŋk] 名 飲み物
- **tea** [tí:] 名 お茶，紅茶
- **juice** [dʒú:s] 名 ジュース
- bottled [bátld] 形 瓶［ボトル］入りの
- **water** [wɔ́:tər] 名 水

- **which** [hwítʃ] 代 どちら，どれ
- **would** [wəd/wúd] 助
- **or** [ɔ́:r/ər] 接 または，あるいは
- *much* [mátʃ] 代 多量，たくさん，多額
- *in* [in/in] 前 〔状態・状況〕〜の状態で，〜の場合には
- total [tóutl] 名 合計，総額
- **dollar(s)** [dálər(z)] 名 ドル〔通貨の単位〕
- breakfast special モーニングセット
- Can I 〜? 〔許可〕〜してもいいですか。
- I'd like 〜. 〜が欲しいです［のですが］。
- Which would you like, 〜 or ...?
〜と…のどちらがよろしいですか。
- How much 〜? 〜はいくらですか。
- in total 全体で，総計で

世界の時刻　日本と世界の時差について知ろう

Listen

1. 東京に住む Daigo が，世界の友達と電話をしています。日本は現在午後10時です。
　　会話を聞いて，現地の時刻を確かめましょう。

❶ Los Angeles
（ロサンゼルス）

5 : 00 AM/PM

❷ New York
（ニューヨーク）

8 : 00 AM/PM

❸ London
（ロンドン）

1 : 00 AM/PM

❹ Cape Town
（ケープタウン）

3 : 00 AM/PM

❺ Sydney
（シドニー）

12 : 00 AM/PM

2. 教科書pp.96-97の地図をもとに，日本と各都市との時差を確かめましょう。

❶ 17時間
❷ 14時間
❸ 9時間
❹ 7時間
❺ 2時間

Think　時差があって，便利なことや不便なことはあるでしょうか。

（例）電話をかけるとき，相手の国が何時かを配慮する必要がある。

● New Words　**単語と語句**　アクセントの位置に注意して，声に出して発音しよう。

☐ Los Angeles [lɔːs ǽndʒələs] 　名 ロサンゼルス

☐ London [lʌ́ndn] 　名 ロンドン

☐ Cape Town [kéip tàun] 　名 ケープタウン

☐ Sydney [sídni] 　名 シドニー

☐ *it* [it] 　代 〔時間・天候などを表す文の主語として〕

☐ What time is it?　何時ですか。

ポイント 音声の内容は次の通りです。

❶

Daigo : Hello, Ken. This is Daigo.
（こんにちは，ケン。ダイゴです。）

Ken : Hi, Daigo. （こんにちは，ダイゴ。）

Daigo : What time is it in Los Angeles? （今，ロサンゼルスは何時かな。）

Ken : It's five o'clock, Daigo. （5時だよ，ダイゴ。）

Daigo : Five o'clock in the morning? （朝の5時なの。）

Ken : Yes. （そうだよ。）

Daigo : Are you still in bed? （寝ていたよね。）

Ken : Yes, of course. （うん，もちろん。）

Daigo : I'm sorry, Ken. （ケン，ごめんなさい。）

Ken : That's OK. But please don't call me so early next time.
（いいよ。でも，次からはあんまり朝早くに電話しないでね。）

❷

Daigo : Hello. This is Daigo. Can I speak to Ava?
（こんにちは。ダイゴです。エバと話せますか？）

Ava's mother : Sorry. She's at school.
（ごめんなさいね。学校に行っているわ。）

Daigo : At school? What time is it in New York?
（学校に？ ニューヨークは今，何時ですか。）

Ava's mother : It's eight o'clock in the morning. （朝の8時よ。）

Daigo : Eight o'clock in the morning? （朝の8時なんですか。）

Ava's mother : Yes. （ええ。）

Daigo : OK. I'll call her back later. What time does she usually come home?
（では，後でかけ直します。普段は何時に帰ってくるんですか。）

Ava's mother : She usually comes home at four.
（たいていは4時に帰ってくるわ。）

❸

Daigo : Hello. This is Daigo. （こんにちは。ダイゴです。）

Emily : Hi, Daigo. This is Emily. （こんにちは，ダイゴ。エミリーよ。）

Daigo : It's ten o'clock in the evening in Tokyo. What time is it in London?
（東京は夜の10時だよ。ロンドンは何時かな。）

Emily : It's one o'clock here. （こっちは1時よ。）

Daigo : One a.m.? （午前1時なのかな。）

Emily : No, it's one p.m. It's time for lunch.
（いいえ，午後1時よ。昼食の時間だわ。）

❹

Daigo : Hello. This is Daigo. Can I speak to Akani, please?
（こんにちは。ダイゴです。アカニと話せますか。）

Akani : Hello, Daigo. This is Akani speaking.
（こんにちは，ダイゴ。アカニです。）

Daigo : Akani, it's ten in the evening in Tokyo. What time is it in Cape Town?
（アカニ，今，東京は夜の10時だよ。ケープタウンは何時なの。）

Akani : It's three o'clock here.　（こっちは3時だよ。）

Daigo : Three o'clock in the afternoon?　（午後の3時なのかな。）

Akani : Yes. I'm not usually at home at this time. But today I'm at home.
（そう。普段この時間に家にいないんだけど。でも今日は家にいるよ。）

Daigo : Oh, what time do you usually get home?
（そうなんだ，普段は何時に帰ってくるの。）

Akani : I usually get home at five.
（たいてい5時に帰ってくるよ。）

❺

Daigo : Hello. This is Daigo. Is Zoe there?
（こんにちは。ダイゴです。ゾーイはいますか。）

Zoe : Oh, Daigo. This is Zoe.　（ああ，ダイゴ。ゾーイだよ。）

Daigo : It's ten o'clock in the evening here in Tokyo. What time is it in Sydney?
（東京は夜の10時なんだ。シドニーは何時なの。）

Zoe : It's twelve a.m.　（午前12時だよ。）

Daigo : Oh, really? Isn't it eleven p.m.?
（えっ，そうなの。今は午後11時じゃないんだ。）

Zoe : No. It's daylight saving time. In summer, we advance the time by one hour.
（違うよ。それは，サマータイムだよ。夏は1時間早くなるんだよ。）

Daigo : Are you in bed?　（寝ていたかな。）

Zoe : Not yet. But I'm sleepy. Please call me back tomorrow.
（ううん，まだ。でも眠いな。明日，かけ直してね。）

Daigo : OK. Good night!
（わかった。おやすみなさい。）

Active Grammar ❹

疑問詞 (yes や no では答えられない疑問文)

● 場面と意味

(1) *Tina* : Eri, who's that?　（絵里，あれは誰かな。）
　　Eri : Maybe he's a new student.　（多分，新しく来た生徒だよ。）

(2) *Grandma* : What do you want for Christmas?　（クリスマスには何が欲しいの。）
　　Nick : A soccer ball.　（サッカーボール。）

Think　（例）(1) 知らない男の子を見て，新しく来た生徒ではないかと話している。
　　　　　　　(2) 祖母と孫が，クリスマスプレゼントについてやりとりしている。

● 文の形

疑問詞を使ったいろいろな疑問文

Yes や No ではなく，具体的な答えが必要なときには疑問詞を使ってたずねます。

疑問詞	働き	疑問文と応答の例
What （何 [が・を・に]）	物事について たずねる	**What** is this?　（これは何ですか。） — It's **a tongue twister**.　（早口言葉です。）　▶ Unit 2-3 **What** do you do during the summer vacation?　（夏休みは何をしますか。） — I usually **visit my grandparents**. （普段は祖父母のところをたずねます。）　▶ Unit 3-1
What～ （何の，どんな）	何の～かを たずねる	**What** color do you like?　（どの色が好きですか。） — I like **red**.　（私は赤が好きです。）　▶ Let's Be Friends! 2
	何時かを たずねる	**What** time is it?　（何時ですか。） — It's **nine o'clock**.　（9時です。）　▶ World Tour 2
who （誰 [が・を]）	人について たずねる	**Who** is that?　（あちらは誰ですか。） — He is **Mr. Hoshino**.　（ホシノ先生です。）　▶ Unit 4-2
whose （誰のもの）	持ち主を たずねる	**Whose** is this bag?　（このかばんは誰のものですか。） — It's **mine**.　（私のものです。）
whose～ （誰の～）	誰のものかを たずねる	**Whose** bag is this?　（これは誰のかばんですか。） — It's Kota**'s**.　（コウタのものです。）　▶ Daily Life 2
which （どちら [が・を]）	選択を たずねる	**Which** would you like, bacon **or** sausage? （ベーコンとソーセージのどちらがよろしいですか。） — I'd like **bacon**.　（ベーコンがいいです。）　▶ Daily Life 3
which～ （どちらの）	どの～かを たずねる	**Which** subject do you like?　（どの教科が好きですか。） — I like **math**.　（数学が好きです。）

where （どこ [に・へ]）	場所を たずねる	**Where** do you have lunch**?** （どこで昼食をとりますか。） — **In my classroom.** （教室です。）　▶ Unit 5-1
when （いつ）	時を たずねる	**When** do you have club**?** （いつクラブ活動をしますか。） — **After clean-up time.** （掃除の時間の後です。）　▶ Unit 5-3
why （なぜ, どうして）	理由・目的を たずねる	**Why** do you want to go to Italy**?** （なぜ, イタリアに行きたいのですか。） — **I want to see a soccer game.** （サッカーの試合が見たいです。） **Why not?** （どうしていけないのですか。）　▶ Unit 1-2
how （どう, どのように）	様子・方法を たずねる	**How** are you**?** （元気ですか。） — I'm **fine.** （私は元気です。）　▶ Let's Be Friends! 1
how〜 （どのくらい）	どの程度の数 かをたずねる	**How** many pets do you have**?** （ペットは何匹飼っていますか。） — **Two dogs.** （犬が2匹います。）　▶ World Tour 1
	どの程度の量 かをたずねる	**How** much is it**?** （いくらですか。） — It's **twelve dollars.** （12ドルです。）　▶ Daily Life 3

Grammar Hunt Unit 4, 5 のストーリーを読み, 疑問詞を○で囲みましょう。
また, それぞれの疑問文の答え方も確かめましょう。

解答例　Unit 4　Part 2
Tina : Eri, who's that?
Eri : Maybe he's a new student.

解答例　Unit 5　Part 1
Ms. Rios : Really? Where do you have lunch?
Tina : In the classroom.

解答例　Unit 5　Part 3
Ms. Rios : When do you have drama club?
Tina : After clean-up time.

答え方は下線部参照。

New Words 単語と語句　アクセントの位置に注意して, 声に出して発音しよう。

□ *whose* [húːz] 代 誰のもの
□ *which* [hwítʃ] 形 どちらの, どの

教科書　　99ページ

What Am I?　私は何

Goal　Reading　説明文から，"I"についての情報を読み取ることができる。

Before You Read

教科書p.99の絵が表す動物は何でしょうか。

(例) 牛。

➡ 本文の解説はp.129にあります。

① Look at this picture.
この絵を見てください。

② I can walk.
私は歩くことができます。

③ I can jump.
ジャンプすることもできます。

④ I can swim well.
上手に泳ぐこともできます。

⑤ I cannot fly, but I can stay underwater for four or five minutes.
私は飛ぶことはできませんが，水の中に4，5分間もぐっていることができます。

⑥ I don't like carrots.
私はニンジンが嫌いです。

⑦ I don't eat grass.
草は食べません。

⑧ I like fish.
魚が好きです。

⑨ I eat fish every day.
毎日魚を食べます。

⑩ What am I?
(さて) 私は何でしょう？

⑪ Turn this book around.
この本をさかさまにしてみてください。　　　　[50 words]　[50語]

教科書p.99の
イラストを
見ましょう。

After You Read

"What am I?"の答えは何だと思いますか。

(例) You are a penguin.　（あなたはペンギンです。）

● New Words　単語と語句　アクセントの位置に注意して，声に出して発音しよう。

□ *at* [ǽt/ət] 前 〔方向・目標〕～に向かって	□ **minute(s)** [mínit(s)] 名 (時間の) 分
□ *picture* [píktʃər] 名 絵	□ **carrot(s)** [kǽrət(s)] 名 ニンジン
□ *walk* [wɔ́ːk] 動 歩く	□ **grass** [grǽs] 名 草，牧草
□ *jump* [dʒʌ́mp] 動 跳ぶ，跳びはねる	□ **turn** [tə́ːrn] 動 ～を回す，回転させる
□ **fly** [flái] 動 飛ぶ	□ **around** [əráund] 副 向きを変えて，ぐるりと
□ *for* [fɔ́ːr/fər] 前 〔期間〕～の間 (ずっと)	□ look at ～　～を見る
□ underwater [ʌ̀ndərwɔ́ːtər] 副 水面下で, 水中で	□ turn ～ around　～の向きをぐるりと変える

本文の解説

教科書 p.99

① Look at this picture.

Look at … と，主語を省略して動詞で始まっているので，「〜しなさい」と相手に指示する命令文です。**look at 〜**で，「〜を見る」という意味を表します。

② I can walk.　③ I can jump.　④ I can swim well.

3文とも，〈**主語 + can + 動詞の原形〜.**〉の形の「〜することができます。」と可能を表す文です。can の後の動詞は原形を使います。

⑤ I cannot fly, but I can stay underwater for four or five minutes.

cannot は **can** の否定形で，動詞の前に **cannot** が置かれているので，「〜することができません」と否定を表す文です。**cannot** の後には，動詞の原形が続きます。
〈**主語 + can + 動詞の原形〜.**〉の形で「〜することができます。」と可能を表します。
この文の **for** は「〜の間」という意味の期間を表す前置詞です。

⑥ I don't like carrots.　⑦ I don't eat grass.

動詞の前に **don't [do not]** が置かれているので，どちらも一般動詞の否定文です。好き・嫌いなどを表すときは，carrots のように名詞の複数形を使います。

⑧ I like fish.　⑨ I eat fish every day.

どちらも一般動詞の肯定文です。好き・嫌いなどを表すときは名詞の複数形を使いますが，**fish**（魚）は複数形も **fish** なので，そのままの形を使います。

⑩ What am I?

〈**What + be動詞 + 主語?**〉の疑問詞 what で始まる疑問文です。**What am I?**（私は誰ですか。）は，クイズなどでよく使われる文です。

⑪ Turn this book around.

Turn という動詞で始まっているので「〜しなさい」という命令文です。**turn 〜 around** で「〜の向きを変える，回転させる」という意味を表します。

You Can Do It！❷　「ドリームファミリー」を紹介しよう

あなたは CM プランナーで，大家族向けの車を宣伝することになりました。
スポーツ選手，芸能人，歴史上の人物，キャラクターなど，よく知られている人物をキャスティングして，「ドリームファミリー」をプロデュースしましょう。

Listening　一部のキャスティングは決定済みです。
Yukari による紹介を聞いて，教科書p.100の図の空所に当てはまる名前を書き入れましょう。

解答

grandmother （祖母）	卑弥呼
father （父親）	ホシノケン（ホシノ先生）
uncle （おじ）	坂本龍馬

ポイント　音声の内容は次の通りです。

(1)
Hello, everyone. We want to introduce our "dream family" to you.
（みなさん，こんにちは。私たちの「ドリームファミリー」を紹介したいと思います。）

The grandmother is Himiko. She lives in Yamataikoku. She is the queen there.
（祖母は卑弥呼です。彼女は邪馬台国に住んでいます。彼女はそこの女王です。）

She lives in a big house. She has one thousand women around her.
（彼女は大きな屋敷に住んでいます。彼女のもとには千人の女性が仕えています。）

She has a great power. She can see the future.
（彼女は大きな力をもっています。彼女は未来をうらなうことができます。）

She is smart. And she is beautiful. But she never comes out of her house.
（彼女は賢いです。そして，美しい人です。でも，彼女は決して屋敷から出てきません。）

So I can never see her. She is mysterious.
（だから，私は彼女を見ることができません。彼女は神秘的な存在です。）

By the way, where is Yamataikoku? I don't know. That's a mystery, too.
（ところで，邪馬台国はどこにあるのでしょうか。私にはわかりません。それも不思議なことですよね。）

(2)
The father is Hoshino Ken. He is a P.E. teacher at Honcho Junior High School.
（父親はホシノケンです。本町中学校の体育教師です。）

He likes sports. He can run fast. He can swim fast, too.
（彼はスポーツが好きです。速く走ることができます。速く泳ぐこともできます。）

He is good at soccer, baseball, and basketball.
（サッカー，野球，バスケットボールが得意です。）

He likes climbing mountains. I sometimes enjoy climbing mountains with him.
（彼は登山が好きです。私も，ときどき彼といっしょに山に登って楽しんでいます。）

He is usually kind but sometimes strict. I like him very much.
（普段は優しいけれど，たまに厳しいこともあります。私は，彼のことが大好きです。）

(3)
The uncle is Sakamoto Ryoma. He is very famous.
（おじは坂本龍馬です。とても有名な人です。）

He is from Kochi. He is good at *kendo*, but he never fights with other people.
（彼は高知出身です。剣道が得意ですが，人とけんかをすることはありません。）

He is very friendly. He has a good teacher. His teacher's name is Katsu Kaishu.
（とても気さくな人です。彼には，いい先生がいます。先生の名前は，勝海舟です。）

He has good friends, too. Two of them are Saigo Takamori and Kido Takayoshi.
（彼には，いい友達もいます。それは，西郷隆盛と木戸孝允です。）

He is strong, kind, friendly, and very active. He's a nice uncle.
（強くて，優しくて，人懐っこくて，とても活動的です。すてきなおじさんです。）

Thinking グループになり，下の表を使って，残りの家族構成を考えましょう。

解答例

Who is this? （誰ですか。）	Name （名前）	About him / her （彼／彼女について）
[例] brother （兄）	Otani Shohei （大谷翔平）	He is very famous. （彼はとても有名です。）
grandfather （祖父）	Neil Armstrong （ニール・アームストロング）	He's an astronaut. （彼は宇宙飛行士です。）
mother （母親）	Audrey Hepburn （オードリー・ヘプバーン）	She is a beautiful actor. （彼女は美しい俳優です。）
aunt （おば）	Marie Curie （マリー・キュリー）	She is a great scientist. （彼女は偉大な科学者です。）
sister （姉）	Osaka Naomi （大坂なおみ）	She is an athlete. （彼女はスポーツ選手です。）
cousin （いとこ）	Fujii Sota （藤井聡太）	He's smart. （彼は頭のよい人です。）

Speaking グループごとに，「ドリームファミリー」を紹介しましょう。
どのグループの「ドリームファミリー」を CM に採用するか，クラスで決定しましょう。

解答例 This is our dream family. The grandmother is Himiko. She is mysterious.
（こちらが私たちの「ドリームファミリー」です。祖母は卑弥呼です。彼女はとても神秘的です。）

The grandfather is Neil Armstrong. He's an astronaut. The mother is Audrey Hepburn.
（祖父はニール・アームストロングです。彼は宇宙飛行士です。母はオードリー・ヘプバーンです。）

She is a beautiful actor. The father is Hoshino Ken. He is a P.E. teacher.
（彼女は美しい俳優です。父はホシノケンです。彼は体育の先生です。）

The sister is Osaka Naomi. She is an athlete. The brother is Otani Shohei.
（姉は大坂なおみです。彼女はスポーツ選手です。兄は大谷翔平です。）

He is very famous. The aunt is Marie Curie. She is a great scientist.
（彼はとても有名です。おばはマリー・キュリーです。彼女は偉大な科学者です。）

The uncle is Sakamoto Ryoma. He is strong. The cousin is Fujii Sota. He's smart.
（おじは坂本龍馬です。彼は強いです。いとこは藤井聡太です。彼は頭のよい人です。）

● New Words **単語と語句** アクセントの位置に注意して，声に出して発音しよう。

□ **famous** [féiməs] 形 有名な

ふり返り 「ドリームファミリー」を紹介することができるかな。

✓ まだできない　✓ 助けがあればできる　✓ ひとりでできる　✓ 自信をもってできる

CAN-DO List (L-1) (SP-2)

Your Coach ❶　音読を楽しもう

Q　音読がうまくできるようになるにはどうすればよいですか。

A1　日本語と英語の違いを意識しましょう。

英語の単語には，強く読むところと弱く読むところがあります。

▼ drama dramaは ▼ を強く 読みます。	ドラマ 日本語では 「ド・ラ・マ」の それぞれの音を 同じ強さで読みます。

A2　強く読むところと弱く読むところに注意して音読しましょう。

特に伝えたいところは強く（●），それ以外のところは弱く（•）読みます。

I'm Kota.　（ぼくは**コウタ**です。）

I'm from Japan.　（**日本**出身です。）

I can play the trumpet.　（**トランペット**を演奏できます。）

Kota（コウタ）や Japan（日本）を強く読むことで，I（私）が「コウタ」や
「日本（出身）」であることをはっきりと伝えます。
trumpet（トランペット）を強く読むことで，play（演奏する）できるのが
トランペットであることを強調します。

A3　リズムを意識して音読してみましょう。

下の2つの文は，同じくらいの時間で発音されます。

Hajin and I	play	basketball.	（ハジンと私はバスケットボールをします。）
Hajin and Hiro	can play	basketball.	（ハジンとヒロはバスケットボールができます。）

3つのポイントに気をつけて，英語らしいリズムで音読しましょう。

Unit 7

Goal

Reading

はがきから，出来事や感想などを読み取ることができる。

Writing

冬休みの出来事や感想などを伝える，はがきを書くことができる。

日本のお正月

New Year Holidays in Japan

 教科書pp.104-105の写真を見て，ストーリーの話題を予測する

・ **About You** What did you do during the winter vacation?
（冬休みはどのように過ごしましたか。）

（例）I saw the sunrise with my family. （家族と日の出を見ました。）

・How about Tina? What did she do?
（ティナはどうでしたか。彼女は何をしましたか。）

（例）She went to a temple. （彼女は寺へ行きました。）

Word Board

・ate *soba*
（そばを食べた）
・enjoyed flying a kite
（凧あげを楽しんだ）
・made *osechi*
（おせちを作った）
・put on a kimono
（着物を着た）
・saw the sunrise
（日の出を見た）
・tried calligraphy
（書道をやってみた）
・went to a temple
（寺へ行った）

 ストーリーのおおまかな内容をつかむ

 1. 音声を聞き，Tina たちの話に出たことを，教科書pp.104-105の写真から３つ選んで（ ）に記号を書きましょう。

（ G ）　（ D ）　（ F ）

2. 映像を見て，内容を確かめましょう。

● New Words　単語と語句　アクセントの位置に注意して，声に出して発音しよう。

□ New Year [njúː jíər] 图 新年，正月
〔元日と，その前後の数日間で新年を祝う時期をいう〕

□ New Year holiday(s) [njúː jìər hálədèi(z)]
图 正月休み

□ **holiday(s)** [hálədèi(z)] 图 休み，休暇

do [dúː/də] 助〔疑問文をつくる〕
→ □ **did** [díd] 助動 do の過去形

eat [íːt] 動 〜を食べる
→ □ **ate** [éit] 動 eat の過去形

□ *fly* [flái] 動 〜を飛ばす

□ **kite** [káit] 图 凧

make [méik] 動 〜を作る
→ □ **made** [méid] 動 make の過去形

see [síː] 動 （映画・試合・行事など）を見る
→ □ **saw** [sɔ́ː] 動 see の過去形

□ **sunrise** [sánràiz] 图 日の出

□ **calligraphy** [kəlígrəfi] 图 書道，書写〔教科〕

go [góu] 動 行く
→ □ **went** [wént] 動 go の過去形

□ **temple** [témpl] 图 寺，寺院

→ 本文の解説はpp.141-142にあります。

Q. Tina が大みそかにしたのはどのようなことでしょうか。

A. （例）お寺に行き，鐘をついた。

Tina : ① Happy New Year!
ティナ： あけましておめでとう！

Hajin, Eri : ② Happy New Year, Tina!
ハジン，絵里： あけましておめでとう，ティナ！

Tina : ③ Eri, that's cute. ④ What is it?
ティナ： 絵里，それかわいいね。 それは何？

Eri : ⑤ It's an *omamori*, a good luck charm.
絵里： お守りといって，幸運の飾りなんだ。

⑥ I bought it at a temple.
お寺で買ったんだよ。

Tina : ⑦ I see.
ティナ： なるほど。

⑧ I also went to a temple on New Year's Eve.
私も大みそかにお寺に行ったよ。

⑨ I rang a big bell.
大きな鐘をついたんだ。

Eri : ⑩ Hajin, how about you?
絵里： ハジン，あなたはどう？

Hajin : ⑪ I didn't do much.
ハジン： 大したことはしなかったよ。

⑫ I stayed home and watched TV with my family.
家にいて家族とテレビを見ていたよ。

● New Words **単語と語句** アクセントの位置に注意して，声に出して発音しよう。

☐ *happy* [hǽpi] 形〔挨拶の中で〕〜おめでとう	☐ New Year's Eve [njúː jìərz íːv] 名 大みそか
☐ **luck** [lʌ́k] 名 運，幸運，つき	☐ **ring** [ríŋ] 動 〜を鳴らす
☐ charm [tʃɑ́ːrm] 名 お守り	→ ☐ rang [rǽŋ] 動 ring の過去形
☐ **buy** [bái] 動 〜を買う	☐ **bell** [bél] 名 鐘，鈴，ベル
→ ☐ **bought** [bɔ́ːt] 動 buy の過去形	☐ **TV** [tíːvíː] 名 テレビ
☐ eve [íːv] 名（祝祭日・特別な日の）前夜，前日	

-134-

先生たちが冬休みにしたことについてみんなの前で話しています。
それぞれがしたことに ✔ を付けましょう。

→ 音声の内容はp.145にあります。

(1) Ms. Brown

| A | cleaned my house（部屋を片づけた）| ◯ | B | watched TV（テレビを見た）| ◯ |
| C | baked a cake（ケーキを焼いた）| ✓ | D | tried *omikuji*（おみくじをひいた）| ✓ |

(2) Mr. Hoshino

| E | saw Mt. Fuji（富士山を見た）| ◯ | F | made *osechi*（おせちを作った）| ◯ |
| G | bought a sweater（セーターを買った）| ✓ | H | went to the beach（ビーチへ行った）| ✓ |

 About You ペアになり，あなたが冬休みにしたことを伝えましょう。

[例]　A : I wrote New Year's cards. I relaxed at home. How about you?
　　　　（年賀状を書きました。家でくつろいでいました。あなたはどうですか。）

　　　B : I had a party at Christmas. I got a present.
　　　　（クリスマスパーティーをしました。プレゼントをもらいました。）

　　　A : That's nice.　（それはいいですね。）

解答例　A : I visited my grandparents. How about you?
　　　　（祖父母を訪ねました。あなたはどうですか。）

　　　B : I saw the sunrise with my family. I took some pictures.
　　　　（家族と日の出を見に行きました。写真を撮りました。）

　　　A : That's nice.　（それはいいですね。）

 About You あなたが冬休みにしたことを書きましょう。

Speak の解答例参照。

基本文

過去の出来事を言う。
I go　　 to school every day.　（私は毎日学校に行きます。）
I **went** to a temple on New Year's Eve.　（私は大みそかにお寺に行きました。）
I watch　　TV with my family.　（私は家族とテレビを見ます。）
I watch**ed** TV with my family.　（私は家族とテレビを見ました。）

▶ Active Grammar　pp.151-152

● **New Words**　**単語と語句** アクセントの位置に注意して，声に出して発音しよう。

☐ **bake(d)** [béik(t)] 動 （パン・ケーキなど）を焼く

☐ **Mt.** [máunt] 名 〜山（山の名の前に置く）

☐ **sweater** [swétər] 名 セーター

　write [ráit] 動 〜を書く
　→ ☐ **wrote** [róut] 動 write の過去形

☐ **card(s)** [kɑ́ːrd(z)] 名 グリーティングカード，挨拶状

☐ **New Year's card(s)** [njúː jíərz kɑ̀ːrd(z)] 名 年賀状

☐ **relax(ed)** [riláks(t)] 動 くつろぐ，リラックスする

have [hǽv/əv] 動 〜を行う
　→ ☐ **had** [hǽd/əd] 動 have の過去形

☐ **party** [pɑ́ːrti] 名 パーティー

　get [gét] 動 〜を得る，手に入れる
　→ ☐ **got** [gɑ́t] 動 get の過去形

☐ **present** [prézənt] 名 贈り物

 本文の解説はpp.142-143にあります。

 Q. Tina が年末年始に食べたものは何でしょうか。

A. （例）年越しそば。

Eri : ① Did you eat any traditional food?
絵里： 何か伝統的な食べ物は食べた？

Tina : ② Yes, I did. ③ I ate *toshikoshi soba*.
ティナ： うん，食べた。 年越しそばを食べたよ。

Hajin : ④ *Toshi* ... what?
ハジン： トシ……，何？

Eri : ⑤ *Toshikoshi soba*. ⑥ We eat *soba* on New Year's Eve.
絵里： 年越しそば。 大みそかにおそばを食べるの。

⑦ It's a Japanese custom.
日本の風習だよ。

Tina : ⑧ *Soba* is long. ⑨ It's a sign of long life.
ティナ： おそばは長いでしょ。 長寿のしるしなんだよ。

⑩ My father told me.
お父さんが教えてくれたんだ。

Hajin : ⑪ I didn't know that. ⑫ How interesting!
ハジン： それは知らなかった。 なんておもしろいんだ！

Tina : ⑬ By the way, where's Kota?
ティナ： ところで，コウタはどこ？

Hajin : ⑭ He's at home. ⑮ He has a cold.
ハジン： 家にいるよ。 風邪をひいてるんだ。

Tina : ⑯ Oh, that's too bad. ⑰ Poor Kota.
ティナ： ええ，それは残念。 かわいそうなコウタ。

● New Words **単語と語句** アクセントの位置に注意して，声に出して発音しよう。

□ **any** [éni/əni] 形 〔疑問文・否定文で〕いくつかの，いくらかの，何か

□ **traditional** [trədíʃənl] 形 伝統的な

□ **custom** [kʌ́stəm] 名 習慣，風習

□ **long** [lɔ́:ŋ] 形 長い

□ **sign** [sáin] 名 しるし，前兆

□ **life** [láif] 名 命，一生，寿命

□ **tell** [tél] 動 （人）に話す，～を伝える
→ □ **told** [tóuld] 動 tell の過去形

□ **know** [nóu] 動 ～を知っている，知る

□ *how* [háu] 副 〔感嘆〕なんと，いかに

□ **way** [wéi] 名 道

□ **bad** [bǽd] 形 悪い，嫌な

□ **poor** [púər] 形 哀れな，かわいそうな

□ by the way ところで

Nick と Eri が年末年始について話しています。
それぞれがしたことについて，表に○を書きましょう。

➡ 音声の内容はp.146にあります。

	A stay up late（夜ふかしをする）	**B** play *karuta*（かるたをする）	**C** drink *amazake*（甘酒を飲む）	**D** try calligraphy（書道に挑戦する）
Nick	○		○	○
Eri	○	○		

 年末年始にしたことについて，5人にインタビューをしましょう。多くの友達がしたことは何でしょうか。

Did you ～?　（あなたは～しましたか？）	Yes.（はい）の人数
(1) eat any traditional food　（伝統的な食べ物を食べる）	
(2) play any traditional games　（伝統的なゲームをする）	
(3) watch any comedy shows on TV　（テレビでお笑い番組を見る）	
(解答例) (4)（自分で考えて）　make *osechi*　（おせちを作る）	

[例]　A : Did you eat any traditional food on New Year's Day?
　　　　（あなたは元日に伝統的な食べ物を食べましたか。）
　　　B : Yes, I did. / No, I didn't.　（はい，食べました。／いいえ，食べませんでした。）
　　　A : What did you eat?　（何を食べましたか。）
　　　B : I ate some rice cakes.　（お餅を食べました。）

(解答例)　A : Did you play any traditional games on New Year's Day?
　　　　（あなたは元日に伝統的なゲームをしましたか。）
　　　B : Yes, I did.　（はい，しました。）
　　　A : What did you play?　（何をしましたか。）
　　　B : I played *karuta*.　（かるたをしました。）

 Yes と答えた人が最も多かった質問を書きましょう。

(解答例)　Did you make *osechi* on New year's Eve?　（大みそかにおせちを作りましたか。）

基本文

過去の出来事についてたずねる。
　　I　　ate *toshikoshi soba*.　（私は年越しそばを食べました。）
Did you　eat any traditional food**?**　（あなたは伝統的な食べ物を食べましたか。）
— Yes, I **did**. / No, I **didn't**.　（はい，食べました。／いいえ，食べませんでした。）
　　I **didn't** eat any traditional food.　（私は伝統的な食べ物を食べませんでした。）

▶ Active Grammar　pp.151-152

● New Words　**単語と語句**　アクセントの位置に注意して，声に出して発音しよう。

□ *stay* [stéi]　動 ～の（状態の）ままでいる

□ *up* [ʌ́p]　副 起きていて

□ **late** [léit]　副 夜遅い時間に

□ **comedy** [kámədi]　名 喜劇，コメディー

□ **show(s)** [ʃóu(z)]　名（テレビ・ラジオの）番組

□ **New Year's Day** [njúː jìərz déi]　名 元日，1月1日

□ **rice** [ráis]　名 米

□ **rice cake(s)** [ráis kèik(s)]　名 餅

□ **stay up**　（寝ないで）起きている

➡ 本文の解説はp.143にあります。

Q. Tina が Kota にいちばん伝えたかったことは何でしょうか。

A.（例）いなくて寂しかった。早くよくなってほしい。

At Sensouji Temple, Asakusa:
浅草，浅草寺で：

Tina : ① What a big lantern!
ティナ：　　なんて大きなちょうちんなの！

Hajin : ② What's your wish?
ハジン：　　願い事は何？

Tina : ③ It's a secret.
ティナ：　　秘密。

On a chat:
チャットで：

教科書　111ページ

Tina : ④ How are you?
ティナ：　　気分はどう？

Kota : ⑤ Not so good.　⑥ I still have a fever.
コウタ：　　あんまりよくない。　　まだ熱があるんだ。

Tina : ⑦ Sorry to hear that.
ティナ：　　それは残念だね。

Kota : ⑧ Did you enjoy *hatsumode*?
コウタ：　　初詣は楽しんだ？

Tina : ⑨ Yes!　⑩ We tried *omikuji*.
ティナ：　　うん！　　おみくじをやってみたよ。

Kota : ⑪ *Daikichi*!　⑫ Lucky you! ;-)
コウタ：　　大吉！　　ついてるね！ ;-)

Tina : ⑬ Yes.　⑭ But I missed you.　⑮ Get well soon!
ティナ：　　うん。　　でも，コウタがいなくて寂しかったよ。早くよくなってね！

● New Words **単語と語句** アクセントの位置に注意して，声に出して発音しよう。

□ *what* [hwʌ́t/hwət] 形 なんという

□ lantern [lǽntərn] 名 ちょうちん

□ **wish** [wíʃ] 名 願い事，願い，望み

□ secret [síːkrit] 名 秘密，内緒ごと

□ chat [tʃǽt] 名（インターネット上での）チャット，おしゃべり

□ **still** [stíl] 副 まだ，なお，相変わらず

□ **fever** [fíːvər] 名 熱，発熱

□ *sorry* [sári] 形 気の毒で，かわいそうで

□ **hear** [híər] 動 ～を聞く

□ **lucky** [lʌ́ki] 形 運のよい，幸運な

□ **miss(ed)** [mís(t)] 動（人）がいないのを寂しく思う

□ *well* [wél] 形 健康な，体の調子がよい

□ **soon** [súːn] 副 早く，すぐ

□ have a fever （高）熱がある

□ get well 健康を回復する

教科書 112ページ

→ 本文の解説はp.144にあります。

Q. Tina はお正月の出来事についてどのような感想を述べていますか。

A. （例）楽しかった。雰囲気が気に入った。

① Dear Grandma and Grandpa,
親愛なるおばあちゃん，おじいちゃんへ

② How are you? ③ I hope you are fine.
お元気ですか。 二人とも元気だといいな。

④ How was Christmas and the New Year?
クリスマスとお正月はどうでしたか。

⑤ I went to a famous temple in Asakusa with my friends.
私は友達と浅草の有名なお寺に行きました。

⑥ It was fun.
楽しかったです。

⑦ The traditional buildings were beautiful.
伝統的な建物が美しかったです。

⑧ Some people were in kimonos. ⑨ I liked the atmosphere.
着物を着ている人もいました。 雰囲気が気に入りました。

⑩ Can you come to Japan this year?
今年は日本に来ることができますか。

⑪ I hope you can.
来られるといいな。

⑫ Love,
愛を込めて，

⑬ Tina
ティナより

Think Tina は初詣でどんな願い事をしたのでしょうか。
（例）祖父母が元気で過ごせますように。

New Words 単語と語句 アクセントの位置に注意して，声に出して発音しよう。

□ *dear* [díər] 形 親愛なる，敬愛する	□ **were** [wə́:r/wər] 動 are の過去形
□ **hope** [hóup] 動 ～を望む，願う	□ *in* [ín/in] 前 〔着用〕～を身に着けて
□ **was** [wʌ́z/wəz] 動 am, is の過去形	□ **atmosphere** [ǽtməsfìər] 名 雰囲気
□ **building(s)** [bíldiŋ(z)] 名 建物，建造物	□ **love** [lʌ́v] 名 〔親しい人への手紙・メールの結びで〕愛を込めて

Listen

空港で，帰国前の訪日客がインタビューを受けています。
教科書p.113の写真を見ながら，それぞれに当てはまるものを線で結びましょう。

➡ 音声の内容はpp.147-148にあります。

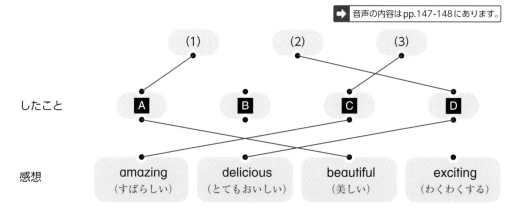

(1)　　　　(2)　　　　(3)

したこと　　A　　　B　　　C　　　D

感想　　amazing（すばらしい）　delicious（とてもおいしい）　beautiful（美しい）　exciting（わくわくする）

Speak

About You ペアになり，昨日したこととその感想を伝え合いましょう。

[例]　A：I watched a soccer game on TV yesterday.
　　　　（昨日，私はサッカーの試合をテレビで見ました。）
　　　　It was exciting. How about you?　（わくわくしました。あなたはどうですか。）
　　　B：I made cookies with my mother.　（私は母とクッキーを作りました。）
　　　　It was tough, but they were delicious.　（大変でした。でも，とてもおいしかったです。）

解答例　A：I cleaned my room yesterday.　（昨日，私は部屋の掃除をしました。）
　　　　It was tough. How about you?　（大変でした。あなたはどうですか。）
　　　B：I practiced the trumpet.　（私はトランペットの練習をしました。）
　　　　It was fun.　（楽しかったです。）

Write

About You 昨日したことを，感想とともに書きましょう。

Speak の B の解答例参照。

基本文

過去の状態や感想などを言う。
It is　　fun.　（楽しいです。）
It **was** fun.　（楽しかったです。）
The traditional buildings are　　beautiful.　（伝統的な建物が美しいです。）
The traditional buildings **were** beautiful.　（伝統的な建物が美しかったです。）

▶ **Active Grammar** pp.151-152

● **New Words**　**単語と語句**　アクセントの位置に注意して，声に出して発音しよう。

□ amazing [əméiziŋ]　形 すばらしい，見事な　　□ **yesterday** [jéstərdèi]　副 昨日（は）

□ **delicious** [dilíʃəs]　形 とてもおいしい　　□ **cookie(s)** [kúki(z)]　名 クッキー，ビスケット

□ **exciting** [iksáitiŋ]　形 興奮させる，　　□ *tough* [tʌf]　形 難しい，骨が折れる
胸をわくわくさせる，刺激的な

Part 1

基本文

過去の出来事を言う。

① I **go** to school every day. （私は毎日学校に行きます。）
② I **went** to a temple on New Year's Eve. （私は大みそかにお寺に行きました。）
③ I **watch** TV with my family. （私は家族とテレビを見ます。）
④ I **watched** TV with my family. （私は家族とテレビを見ました。）

学習のポイント

動詞の過去形

①② 「～しました」と過去のことを言うときは，動詞を**過去形**にして表します。動詞の中には，go → **went** のように不規則に変化して過去形をつくるものと，動詞の原形の語尾に -**ed** を付けて過去形をつくるものがあります。

go → went のように不規則に変化する動詞を不規則動詞といいます。不規則動詞の変化には決まりがあるわけではないので，1語1語覚えていきましょう。

現 在 ： I **go** to school every day. （私は毎日学校に行きます。）

↓不規則に変化する。

過 去 ： I **went** to a temple on New Year's Eve. （私は大みそかに寺に行きました。）

③④ watch などの一般動詞は，**watched** のように動詞の原形の語尾に -**ed** や -**d** を付けた形を使います。このように動詞の語尾に -**ed** を付けて過去形をつくる動詞を規則動詞といいます。

現 在 ： I **watch** TV with my family. （私は家族とテレビを見ます。）

↓動詞の原形（watch）の語尾に -**ed** を付ける。

過 去 ： I **watched** TV with my family. （私は家族とテレビを見ました。）

本文の解説

教科書 p.106

① **Happy New Year!** （→教科書p.106　表現）
Happy New Year. は，「**あけましておめでとう。**」という意味の新年の挨拶です。

⑤ **It's an *omamori*, a good luck charm.**
⑥ **I bought it at a temple.** （→教科書p.106　KEY）
What is it?（それは何ですか。）という質問に対し，**It's an *omamori*（お守りです）**と，名前を答え，**a good luck charm（幸運の飾り）**と，どんな用途のものかを説明しています。さらに，**I bought it at a temple.（お寺で買いました。）**という情報も付け加えています。会話をふくらませるには，このように詳しい情報を付け加えると効果的です。**bought** は，不規則動詞 **buy**（買う）の過去形です。

⑧ **I also went to a temple on New Year's Eve.**
went は，不規則動詞 **go**（行く）の過去形です。**on** は，曜日や日付の前に付く前置詞で，「～に」という意味です。

⑫ **I stayed home and watched TV with my family.**

　stayed は，一般動詞 stay（とどまる）の，**watched** は，一般動詞 watch（見る）の過去形です。

Part 2

基本文

　過去の出来事についてたずねる。

① 　　 I 　　 ate *toshikoshi soba*.　（私は年越しそばを食べました。）

② **Did you** 　 **eat any traditional food?**　（あなたは伝統的な食べ物を食べましたか。）

③ ── **Yes, I did. / No, I didn't.**　（はい，食べました。／いいえ，食べませんでした。）

④ 　　 **I didn't eat any traditional food.**　（私は伝統的な食べ物を食べませんでした。）

学習のポイント

did と didn't

①② 「～しましたか」と過去のことについてたずねるときは，**Did** を主語の前に置いて〈**Did + 主語 + 動詞の原形～?**〉の形で表します。このとき，動詞は原形を使います。

　　肯定文： 　　She **ate** *osechi* .　（彼女はおせちを食べました。）

　　　　　　↓主語の前に **Did** を置く。

　　疑問文： **Did** she **eat** *osechi* ?　（彼女はおせちを食べましたか。）

　　　　　　　　　↑動詞は原形にする。

③ **Did ～?** の疑問文には，**did** を使って答えます。Yes のときは〈**Yes, 主語 + did.**〉，No のときは〈**No, 主語 + didn't.**〉の形で答えます。

④ 過去の文を「～しませんでした」という否定文にするときは，動詞の前に **didn't** を置き，〈**主語 + didn't [did not] + 動詞の原形～.**〉の語順になります。didn't の後の動詞は原形にします。

　　肯定文： I 　　　 **ate** *osechi* .　（私はおせちを食べました。）

　　　　　　↓動詞の前に **didn't** を置く。

　　否定文： I **didn't eat** *osechi* .　（私はおせちを食べませんでした。）

　　　　　　　　↑動詞は原形にする。

本文の解説

教科書 p.108

① **Did you eat any traditional food?**

〈**Did + 主語 + 動詞の原形～?**〉の形の「～しましたか。」と過去の出来事をたずねる文です。このとき，動詞は原形を使うことに注意しましょう。

② **Yes, I did.**

Did ～? の疑問文には，**did** を使って答えます。

③ **I ate** *toshikoshi soba*. ⑩ **My father told me.**

③の **ate** は eat（～を食べる）の過去形で，不規則に変化する不規則動詞です。⑩の **told** は tell（～を話す）の過去形で，不規則動詞です。

⑪ **I didn't know that.** （→教科書p.108　表現）
I didn't know that. は，「**知らなかった。**」という意味の表現です。

⑫ **How interesting!** （→教科書p.108　KEY）
〈**How ＋ 形容詞［副詞］！**〉の形で，「**なんて～だ。**」と感嘆の意味を表します。

⑬ **By the way, where's Kota?**
by the way は，「**ところで**」と話題を変えるときに使います。
where's は **where is** の短縮形で，場所をたずねるときに使います。

⑯ **Oh, that's too bad.** （→教科書p.108　表現）
too bad は「**あいにくで，気の毒で**」という意味で，**That's too bad.** は，「**お気の毒に。**」と相手に同情したり，気遣ったりするときに使います。

⑰ **Poor Kota.** （→教科書p.108　表現）
Poor ～. 「**かわいそうな～。**」と同情するときに使います。

Part 3

本文の解説

教科書 pp.110-111

① **What a big lantern!** （→教科書p.110　KEY）
What ～！は〈**What a［an］＋形容詞＋名詞！**〉の形で，**How ～！**と同様に「**なんて～なんだ。**」という感嘆の意味を表します。

④ **How are you?**
この文の **How** は「**どんな具合で，どんな状態で**」という意味で，健康状態や様子をたずねています。**how** はいろいろな意味で使われますから，前後の内容から判断しましょう。

⑥ **I still have a fever.**
have a fever は，「**熱がある**」という意味の表現です。**still** は，「**まだ**」という意味の副詞です。

⑦ **Sorry to hear that.** （→教科書p.111　表現）
Sorry to hear that. は「**それは残念だね。**」という意味の表現です。

⑩ **We tried** *omikuji.*
tried は，一般動詞 **try**（～をやってみる）の過去形です。

⑫ **Lucky you! ;-)** （→教科書p.111　表現）
Lucky you! は，「**ついてるね。**」と羨む表現です。**;-)** は，英語の顔文字で，横向きで使われます。

⑭ **But I missed you.**
missed は，一般動詞 miss の過去形です。**miss** は後に人・ものがきて，「**～がない［いない］ので寂しく思う**」という意味を表します。会話でよく使いますから，覚えておきましょう。

⑮ **Get well soon!** （→教科書p.111　表現）
Get well soon! は，「**早くよくなってね。**」という意味で，お見舞いのときに使う表現です。

Part 4

基本文

過去の状態や感想などを言う。

① **It is　fun.**　（楽しいです。）

② **It was fun.**　（楽しかったです。）

③ **The traditional buildings are　beautiful.**　（伝統的な建物が美しいです。）

④ **The traditional buildings were beautiful.**　（伝統的な建物が美しかったです。）

学習のポイント

was と were

be動詞を使った文を、「〜でした」と過去の文にするときは、be動詞を過去形にします。
be動詞を過去形には **was** と **were** があり、主語によって使い分けます。

①② am, is の過去形 → **was**（主語が I や3人称単数のとき）

> | 現 在 |：It is　fun.　（楽しいです。）

> ↓be動詞を過去形にする。

> | 過 去 |：It was fun.　（楽しかったです。）

③④ are の過去形 → **were**（主語が you や複数のとき）

> | 現 在 |：The traditional buildings are　beautiful.
> （伝統的な建物が美しいです。）

> ↓be動詞を過去形にする。

> | 過 去 |：The traditional buildings **were** beautiful.
> （伝統的な建物が美しかったです。）

本文の解説

教科書 p.112

③ **I hope you are fine.**（→教科書p.112 表現）

I hope 〜. は、「〜だといいな。」という意味の表現です。

④ **How was Christmas and the New Year?**

この文の **How** は「**どんなふうに**」という意味で、様子をたずねています。**was** は、「〜でした」という意味の **is** の過去形です。ここでは、「クリスマスとお正月はどうでしたか。」の意味になります。

⑤ **I went to a famous temple in Asakusa with my friends.**

went は、不規則動詞 **go**（行く）の過去形です。

⑦ **The traditional buildings were beautiful.**

were は、be動詞の **are** の過去形です。主語は The traditional buildings で複数なので、was ではなく、were を使います。

⑨ **I liked the atmosphere.**

liked は、一般動詞 **like**（好き）の過去形です。

⑪ **I hope you can.**

この文の **you can** は、you can come to Japan this year. を省略しています。

Part 1 (教科書 p.107) の音声の内容

➡ 解答はp.135にあります。

ポイント 音声の内容は次の通りです。下線部に注意して，それぞれがしたことに ✔ を付けましょう。

(1) Ms. Brown

Hi, everyone. Did you have a good winter vacation? I enjoyed mine very much.

（みなさん，こんにちは。よい冬休みを過ごしましたか。私はとても楽しく過ごしました。）

I really enjoyed Christmas. I had a big party at my house.

（クリスマスは，本当に楽しかったです。家で，大きなパーティーを開きました。）

I baked a cake. My sister cooked a turkey. It was delicious. I also enjoyed the New Year.

（私はケーキを焼いたんです。姉が七面鳥を料理してくれました。おいしかったです。お正月も楽しく過ごしました。）

On New Year's Day, I got lots of greeting cards from my students.

（元旦は，生徒のみなさんから，たくさんの年賀状が届きました。）

I was very happy. I usually stay home and watch TV on New Year's Day.

（とてもうれしかったです。普段の元日は，家でテレビを見ています。）

This year, I visited a famous shrine. I tried *omikuji*. Thank you.

（今年は，有名な神社に行きました。おみくじをひいたんですよ。聞いてくれて，ありがとうございました。）

(2) Mr. Hoshino

Hello, everyone. How was your winter vacation? I really enjoyed the New Year.

（みなさん，こんにちは。冬休みはいかがでしたか。私は，とても楽しいお正月を過ごしました。）

On New Year's Eve, I stayed at my sister's house. She lives in Kamakura.

（大みそかに，姉の家に泊まりました。姉は，鎌倉に住んでいます。）

The next morning, we got up very early and went to the beach.

（翌朝，私たちは，とても早く起きてビーチに行きました。）

We saw the first sunrise there. It was so beautiful. I took some nice pictures.

（そこで，初日の出を見たんです。とてもきれいでした。すてきな写真を撮りましたよ。）

Then, we went back to her house and had breakfast. I ate *ozoni* and *osechi*.

（それから，姉の家に戻って，朝食を食べました。お雑煮とおせちを食べました。）

The *ozoni* was delicious. I really like rice cake.

（お雑煮はおいしかったです。私は，お餅が本当に好きなんです。）

After that we went shopping. I bought a new sweater. Thank you.

（その後は，買い物に行きました。新しいセーターを買いました。聞いてくれて，ありがとうございました。）

➡ 解答は p.137 にあります。

ポイント 音声の内容は次の通りです。下線部に注意して，それぞれがしたことについて，表に○を書きましょう。

Eri : Hi, Nick. Long time no see. Did you enjoy your New Year?
（こんにちは，ニック。久しぶりね。お正月は楽しめたかな。）

Nick : Yes! I stayed up late and visited a temple on New Year's Eve. There were so many people there.
（うん。大みそかは，夜ふかししてお寺に行ったよ。すごい人出だったな。）

Eri : It's always busy at the temples on New Year's Eve.
（大みそかのお寺は，いつも混んでいるよね。）

Nick : Did you stay up late, too?
（絵里も夜ふかししたのかな。）

Eri : Yes, I did. （うん，したわ。）

Nick : What did you do? （何をしたの。）

Eri : I played *karuta* with my family until late at night.
（夜遅くまで，家族でかるたをしたの。）

Nick : *Karuta*? What's that?
（かるた？ それは何かな。）

Eri : It's a traditional card game.
（伝統的なカードゲームよ。）

Nick : I don't know it. Let's play it someday.
（知らないな。いつかやってみようよ。）

Eri : Sure. （いいよ。）
By the way, did you eat anything at the temple? We can sometimes eat *soba* and drink *amazake* at a temple.
（ところで，お寺では，何か食べたの。お寺でそばを食べたり，甘酒を飲んだりすることもあるのよ。）

Nick : Tina ate handmade *soba*, but I just drank *amazake*.
（ティナは手打ちそばを食べたけど，ぼくは甘酒を飲んだだけだよ。）

Eri : How was it? （どうだった？）

Nick : Hmm ... I didn't like it so much.
（うーん……，ぼくはあまり好きではないな。）

Eri : I don't like it, either. So I never drink it. What else did you do during New Year's?
（私も好きじゃないよ。だから飲まないわ。お正月の間にはほかに何かしたの。）

Nick : I tried calligraphy. Did you do that?
（書道をやってみたよ。絵里はやったの。）

Eri : No, I didn't. What characters did you write?
（しなかったわ。何の字を書いたの。）

Nick : I wrote "*Hatsuhinode*".
（「はつひので」と書いたよ。）

Eri : That's nice! （いいね。）

Part 4 (教科書 p.113) の音声の内容

➡ 解答は p.140 にあります。

ポイント 音声の内容は次の通りです。下線部に注意して，それぞれの訪日客がしたことや感想を聞き取り，教科書 p.113 の写真を見ながら，当てはまるものを線で結びましょう。

(1)

Reporter : Hello. I'm a reporter from ABC Radio. Can I ask you some questions?

（こんにちは。ABCラジオのリポーターです。質問してもいいですか。）

Woman : Sure.

（はい。）

Reporter : Where are you from?

（どこから来ましたか。）

Woman : I'm from China.

（中国から来ました。）

Reporter : What did you do in Japan?

（日本では，何をしましたか。）

Woman : I went to Izu. I went to an *onsen*, a hot spring.

（伊豆に行きました。温泉に行ったんです。）

Reporter : That's nice.

（いいですね。）

Woman : And I saw Mt. Fuji.

（そして，富士山も見ました。）

Reporter : Oh, you saw Mt. Fuji. How was that?

（まあ，富士山が見えたのですね。どうでしたか。）

Woman : It was beautiful.

（美しかったです。）

Reporter : I see. Thank you.

（わかりました。ありがとうございました。）

(2)

Reporter : Hello. I'm a reporter from ABC Radio. Can I ask you some questions?

（こんにちは。ABCラジオのリポーターです。質問してもいいですか。）

Man : Oh, yes.

（いいですよ。）

Woman : Sure.

（どうぞ。）

Reporter : Where are you from?

（どこから来ましたか。）

Woman : We're from the U.K.

（イギリスから来ました。）

Reporter : What did you do in Japan?

（日本では何をしましたか。）

Man :	We went to some great restaurants.
	（すばらしいレストランに行きました。）
Woman :	We tried Japanese food – *sushi*, *tempura*, and *yakitori*.
	（寿司，天ぷら，焼き鳥といった日本食を食べました。）
Reporter :	Oh, you tried Japanese food. Did you like it?
	（まあ，日本食を食べてみたんですね。お気に召しましたか。）
Woman :	Yes. It was delicious.
	（ええ，とてもおいしかったです。）
Reporter :	That's nice. Thank you.
	（それはよいですね。ありがとうございました。）

(3)

Reporter :	Hello. I'm a reporter from ABC Radio. Can I ask some questions?
	（こんにちは。ABCラジオのリポーターです。質問してもいいですか。）
Woman :	Sure.
	（どうぞ。）
Reporter :	Where are you from?
	（どこから来ましたか。）
Woman :	I'm from Peru.
	（ペルーから来ました。）
Reporter :	What did you do in Japan?
	（日本では何をしましたか。）
Woman :	I went to museums. I really like art.
	（美術館に行きました。芸術が本当に好きなんです。）
Reporter :	You went to art museums? What did you see?
	（美術館に行ったのですね。何を見ましたか。）
Woman :	I saw a lot of photographs. I love Japanese photographs.
	（写真をたくさん見ました。日本の写真が大好きです。）
Reporter :	How were they?
	（どうでしたか。）
Woman :	They were amazing.
	（見事でした。）
Reporter :	That's great. Thank you.
	（それはよいですね。ありがとうございました。）

Unit 7

Goal　冬休みの楽しい出来事を伝えよう

Read **Write**

Reading　Ms. Brown に届いた，Kota からのはがきです。
Kota はどこに行って，どんなことをしてきたのでしょうか。

Dear Ms. Brown,
（親愛なるブラウン先生）

How are you? I enjoyed the winter vacation.
（お元気ですか。ぼくは冬休みを楽しみました。）

I visited my grandparents in Nagano. We had a lot of snow there.
（長野にいる祖父母を訪ねました。雪がたくさん降りました。）

One morning, I saw a deer in the woods. It was so beautiful.
（ある朝，森の中で1頭のシカを見ました。とてもきれいでした。）

I took a nice picture. I want to show it to you.
（いい写真を撮りました。先生にお見せしたいです。）

How was your winter vacation? I enjoy your English lessons.
（先生の冬休みはどうでしたか。ぼくは先生の英語の授業を楽しんでいます。）

I look forward to the next class.
（次の授業を楽しみにしています。）

Best wishes,
（それではまた）
Imura Kotaro
（井村光太郎）

[70 words]　[70語]

---

1. 次の質問に答えましょう。

(1) **Where did Kota go?**　（コウタはどこへ行きましたか。）
　　（例）He went to Nagano.　（長野に行きました。）

(2) **What did he do there?**　（彼はそこで何をしましたか。）
　　（例）He took a nice picture.　（よい写真を撮りました。）

2. Kota の体験したことや気持ちが具体的に書かれている部分に線を引きましょう。

● New Words　**単語と語句**　アクセントの位置に注意して，声に出して発音しよう。

□ postcard [póustkà:rd] 　图 郵便はがき（主に絵はがき）	□ *show(s)* [ʃóu(z)] 　動 〜を見せる
□ **snow** [snóu] 　图 雪	□ *one* [wán] 　形 ある〜
□ *see* [síː] 　動 （人・ものが）見える，目に入る	□ **lesson(s)** [lésn(z)] 　图 授業
□ **deer** [díər] 　图 シカ	□ **forward** [fɔ́ːrwərd] 　副 先へ
□ **wood(s)** [wúd(z)] 　图 木，森，林	□ *next* [nékst] 　形 次の，来〜，翌〜
take [téik] 　動 （写真）を撮る	□ **best** [bést] 　形 最もよい
→ □ **took** [túk] 　動 take の過去形	□ look forward to 〜　〜を楽しみに待つ

Writing あなたの ALT に宛てて，冬休みの出来事を伝えるはがきを書きましょう。

解答例

Dear Mr. White,
（親愛なるホワイト先生）
How are you? I enjoyed the winter vacation.
（いかがお過ごしですか。私は冬休みを楽しく過ごしました。）
I visited my uncle in Nara.
（私は奈良のおじのところを訪ねました。）
On the night of the New Year's Eve, I went to Todaiji Temple.
（大みそかの夜，東大寺に行きました。）
The gate of the temple did not open until midnight.
（寺の門は真夜中まで開きませんでした。）
There were many people waiting in line.
（たくさんの人が並んで待っていました。）
The lanterns were very beautiful.
（灯籠がとても美しかったです。）
How was your winter vacation?
（先生の冬休みはどうでしたか。）
I look forward to the next class.
（次の授業を楽しみにしています。）

Best wishes,
（それではまた）
Takai Yui
（高井結衣）

TIPS for Writing

はがきを書くときには，次のような構成を意識して書いてみよう。

❶ 相手の名前 [例] To Tina, / Dear Ms. Brown,
❷ 初めの挨拶
❸ いちばん伝えたいこと（楽しかった出来事など）
❹ 質問，相手を気遣う一言
❺ 結びの挨拶
❻ 自分の名前

Words And Phrases はがきに使える表現例

▶ 結びの挨拶
Best wishes, / Best regards, / Take care, /
（それではまた／よろしく／ご自愛ください／）
Sincerely, / Yours, /
（敬具／敬具／）
Your friend, / Cheers, / Love,
（あなたの友／乾杯／愛を込めて）

New Words 単語と語句　アクセントの位置に注意して，声に出して発音しよう。

□ regard(s) [rigáːrd(z)] 图 〔～s で〕（伝言・手紙
などでの）よろしくという挨拶
□ care [kéər] 图 世話

□ sincerely [sinsíərli] 副〔手紙の結び〕敬具
□ Take care. じゃあ，また。

 ふり返り　**CAN-DO** はがきから，出来事や感想などを読み取ることができる。　▶▶CAN-DO List (R-1)
CAN-DO 冬休みの出来事や感想などを伝える，はがきを書くことができる。　▶▶CAN-DO List (W-1)

動詞の過去形　（過去の出来事や状態などを伝える言い方）

● 場面と意味

Tina : How was Christmas and the New Year?
（クリスマスとお正月はいかがでしたか。）

I went to a famous temple in Asakusa with my friends.
（私は友達と浅草の有名なお寺に行きました。）

It was fun.
（楽しかったです。）

Think　（例）ティナが祖父母に，冬休みの間の出来事について手紙で伝えている。

● 文の形

1　一般動詞の過去形

▶ Unit 7-1　7-2

| 肯定文 | I | watch**ed** TV yesterday. |
| | （私は昨日テレビを見ました。） | |

Did you watch TV this morning**?**
（あなたは今朝テレビを見ましたか。）

疑問文

— Yes, I **did**. / No, I **didn't**.
（はい，見ました。／いいえ，見ませんでした。）

否定文　I **did not** watch TV this morning.
（私は今朝テレビを見ませんでした。）

主語の人称に関係なく，動詞に – (e)d を付けます。

動詞によっては，have → had のように違う形になるものがあります。

▶ 不規則動詞の過去形	
buy	**bought**
do	**did**
eat	**ate**
go	**went**
have	**had**
see	**saw**

▶ 短縮形	
did not	**didn't**

▶ 規則動詞の過去形と発音		
clean	clean**ed**	
live	liv**ed**	[d]
study	studi**ed**	
talk	talk**ed**	
like	lik**ed**	[t]
want	want**ed**	[id]

– (e)d の発音には次の３種類があります。

[d]　原形の語尾の発音が有声音のとき

[t]　原形の語尾の発音が無声音のとき

[id]　原形の語尾の発音が [t] または [d]
　　　のとき

有声音

「あいうえお」のように声になって出る音の
ことです。喉に手を当てて「あいうえお」と
言うと喉が震えます。

無声音

声になって出ない音のことです。たとえば
「はー」，「すー」などと息だけ出すことがあ
りますが，このとき喉は震えません。この
ような音が無声音です。

2 be動詞の過去形

肯定文	◁ I ▷ **was** tired yesterday.
	（私は昨日疲れました。）

疑問文	**Were** ◁ you ▷ tired this morning**?**
	（あなたは今朝疲れていましたか。）
	— Yes, I **was**. / No, I **was not**.
	（はい，疲れていました。／いいえ，疲れていませんでした。）

否定文	◁ I ▷ **was** **not** tired this morning.
	（私は今朝疲れていませんでした。）

▶ be動詞の過去形

am	
is	**was**
are	**were**

▶ 短縮形

was not	**wasn't**
were not	**weren't**

Grammar Hunt

Unit 7 のストーリーを読み，動詞の過去形を○で囲みましょう。
また，それぞれの動詞の原形も確かめましょう。

解答例 Unit 7　Part 1

I ⟨bought⟩ it at a temple.
I see. I also ⟨went⟩ to a temple on New Year's Eve. I ⟨rang⟩ a big bell.

buy（bought），go（went），ring（rang）

+1

Unit 3 のストーリーの絵を見て，出来事や状態などを説明してみましょう。

解答例 Nick wanted to get the blue balloon.
　　（ニックは青い風船が取りたかった。）
　　He did not get it.
　　（彼はそれを取らなかった。）
　　He was sorry.
　　（彼は残念に思った。）

ウェブサイト

Goal **Reading** ウェブサイトから，必要な情報を読み取ることができる。

誕生日パーティーに関するウェブサイトの記事を読みます。
さまざまな情報の中から必要な情報を探すにはどのように読むとよいでしょうか。

Birthday Party Ideas for your friends
（友達のための誕生日パーティーのアイデア）

Surprise Ideas　（びっくりさせるアイデア）

---

❶ **Balloons with Photos**　（写真付きのバルーン）

- You need a lot of balloons and your friends' photos.(1)
  （バルーンと友達の写真がたくさん必要です。）

- Tie the photos to the balloons.
  （バルーンに写真を結びつけます。）

- You can write a message on each photo.
  （それぞれの写真にメッセージを書くこともできます。）

❷ **Number-Shaped Envelopes**　（数字の形をした封筒）

- You need a lot of envelopes.
  （封筒がたくさん必要です。）

- Make the number of your friend's age with the envelopes.
  （封筒を使って，友達の年齢の数字を作ります。）

- You can also put a letter and some chocolates in each envelope.
  （それぞれの封筒に手紙やチョコレートなどを入ることもできます。）

Party Item Ideas　（パーティー用アイテムのアイデア）

- colorful decorations
  （色とりどりの飾りつけ）

- a birthday cake
  （誕生日ケーキ）

- party hats
  （パーティー用の帽子）

For a Successful Party　（パーティーを成功させるために）

- Don't do everything by yourself.(2) Get help!(2)
  （すべてを一人でやらないように。手伝ってもらおう！）

記事から，次の情報が書かれている箇所に線を引きましょう。

(1) Balloons with Photos（写真付きバルーン）に必要な素材

解答 p.153下線部（1）

(2) パーティーを成功させるためのコツ

解答 p.153下線部（2）

TIPS for Reading

見出し
見出しには，その後に続く文章の内容が簡潔に示される。まずは見出しを読んで，どのような情報がどこに書かれているかをつかもう。

● **New Words**　**単語と語句** アクセントの位置に注意して，声に出して発音しよう。

□ **surprise** [sərpráiz] 名 驚き，びっくりさせること［物］

□ *with* [wíð] 前 〔手段・道具〕～を使って，～で

□ **photo(s)** [fóutou(z)] 名 写真

□ **tie** [tái] 動 ～をつなぐ，結び付ける

□ **message** [mésidʒ] 名 メッセージ

□ **each** [íːtʃ] 形 それぞれの

□ **number** [nʌ́mbər] 名 数字

　-shaped　～の形をした

　envelope(s)　封筒

□ **age** [éidʒ] 名 年齢

□ **letter(s)** [létər(z)] 名 手紙

□ **chocolate(s)** [tʃɔ́ːkələt(s)] 名 チョコレート

□ **item** [áitəm] 名 品，品物

□ colorful [kʌ́lərfəl] 形 カラフルな，色彩豊かな

□ decoration(s) [dèkəréiʃən(z)] 名 飾りつけ，装飾

□ successful [səksésfəl] 形 成功した

□ **everything** [évriθìŋ] 代 全てのこと［もの］，何もかも

□ **yourself** [juərsélf] 代 あなた自身

□ *by* [bái] 前 （動作主）によって

□ **help** [hélp] 名 援助，助け

□ by oneself　一人で，自力で

Unit 8

Listening
写真の説明から，その場の状況を聞き取ることができる。

Writing
写真に，状況を説明するキャプションを書くことができる。

パーティーの準備
Getting Ready for the Party

 教科書pp.118-119の絵を見て，ストーリーの話題を予測する

- **About You** What do you want to do for your friend's birthday?
  （友達の誕生日に何をしたいですか。）

  （例）I want to bake a cake. （ケーキを焼きたいです。）

- Kota たちは，Tina の誕生日にどのようなことをすると思いますか。　（例）パーティーを開く。

Word Board
・baking a cake（ケーキを焼くこと）
・choosing photos（写真を選ぶこと）
・setting the table（食卓の準備をすること）
・talking on the phone（電話で話すこと）
・waiting in line（並んで待つこと）
・washing the dishes（皿洗いをすること）
・writing a message（メッセージを書くこと）

  ストーリーのおおまかな内容をつかむ

1. 音声を聞き，教科書p.119の A 〜 C が出た順番になるように，（　）に数字を書きましょう。

   A （ 2 ）　　　B （ 3 ）　　　C （ 1 ）

2. 映像を見て，内容を確かめましょう。

New Words **単語と語句** アクセントの位置に注意して，声に出して発音しよう。

- □ **ready** [rédi] 形 用意ができた
- □ **choose** [tʃúːz] 動 〜を選ぶ → choosing
- □ **line** [láin] 名 列，行列

- □ get ready 準備をする
- □ in line 並んで，列になって

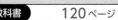

教科書 120ページ

→ 本文の解説はp.162にあります。

Q. Kota と Nick はそれぞれ何をしているところでしょうか。

A.（例）コウタは，ティナの誕生日プレゼントのアルバム作り。
ニックは，ケーキを焼いている。

On the phone:
電話で：

Kota : ① Hello?
コウタ：　もしもし。

Nick : ② Kota, it's Nick.　③ How's everything?
ニック：　コウタ，ニックだよ。　調子はどう？

Kota : ④ Fine.　⑤ We're making a special photo album for Tina.
コウタ：　順調だよ。　ティナのために特別なアルバムを作っているところだよ。

⑥ And you?
君のほうは？

Nick : ⑦ I'm baking a cake in the kitchen now.
ニック：　今，キッチンでケーキを焼いているよ。

⑧ My mother's helping me.
お母さんが手伝ってくれている。

Kota : ⑨ Cool.
コウタ：　いいね。

Nick : ⑩ Come to our house at three o'clock, OK?
ニック：　3時にぼくらの家に来てね，いい？

Kota : ⑪ OK, see you later.
コウタ：　了解，また後でね。

New Words 単語と語句　アクセントの位置に注意して，声に出して発音しよう。

☐ *fine* [fáin] 形 すばらしい，満足できる
☐ *special* [spéʃəl] 形 特別な [の]
☐ **album** [ǽlbəm] 名 アルバム
☐ *and* [ənd/ǽnd] 接 そして
☐ **kitchen** [kítʃən] 名 台所，キッチン
☐ *now* [náu] 副 今（では），現在（では）
☐ *help* [hélp] 動 （人）を手伝う，助ける
☐ *o'clock* [əklák] 副 ～時
☐ *see* [síː] 動 （人）に会う

Tina に贈るアルバム用に，Kota たちが写真を選んでいます。
教科書 p.121 を見て，それぞれが選んだ写真の記号を □ に書きましょう。

➡ 音声の内容は p.165 にあります。

(1) Kota 　 C 　　 (2) Hajin 　 F 　　 (3) Eri 　 D

ペアになり，相手にわからないように教科書 p.121 から写真を 1 枚選びましょう。
その写真を説明し合って，相手が選んだ写真を当てましょう。

[例]　A : In this photo, Tina is dancing.
　　　　　（この写真では，ティナは踊っています。）
　　　　　She's cute.
　　　　　（彼女はかわいいです。）
　　　B : Is it E?
　　　　　（それは E ですか。）
　　　A : That's right. / No, it isn't.
　　　　　（そのとおりです。／いいえ，違います。）

解答例　A : In this photo, Tina is eating some ice cream.
　　　　　（この写真では，ティナはアイスクリームを食べています。）
　　　　　She's cute.
　　　　　（彼女はかわいいです。）
　　　B : Is it B?
　　　　　（それは B ですか。）
　　　A : That's right.
　　　　　（そのとおりです。）

Word Board

・dancing
（踊っている）
・eating ice cream
（アイスクリームを食べている）
・looking out of the window
（窓の外を見ている）
・showing her *omikuji*
（彼女におみくじを見せている）
・speaking in the class
（授業で話している）
・wearing a *yukata*
（浴衣を着ている）

自分が選んだ写真の説明を書きましょう。

Speak の解答例参照。

基本文

している最中のことを言う。
I 　bake 　a cake on Sundays.　（私は日曜日にケーキを焼きます。）
I'm bak**ing** a cake now.　（私は今，ケーキを焼いています。）

▶ Active Grammar　p.170

● New Words　**単語と語句**　アクセントの位置に注意して，声に出して発音しよう。

□ **ice cream** [áis krìːm] 　名 アイスクリーム

□ **window** [wíndou] 　名 窓

□ *class* [klǽs] 　名 クラス，学級

□ *speak* [spíːk] 　動 話す

□ **wear(ing)** [wéər(iŋ)]
　動 〜を身に着けている，着ている

□ **out of 〜**　〜の中から外へ

教科書　122ページ　教科書二次元コード

➡ 本文の解説はp.163にあります。

Q. Ms. Rios は何をしているところでしょうか。

A.（例）ケーキの飾りつけ。

Kota, Eri, And Hajin : ① Hello, Ms. Rios.　② Hi, Nick.
コウタ, 絵里, ハジン：　こんにちは, リオスさん。　やあ, ニック。

Ms. Rios : ③ Come in.
リオスさん：　入って。

Eri : ④ Where's Tina?
絵里：　ティナはどこ？

Nick : ⑤ Don't worry.　⑥ She went shopping with Dad.
ニック：　心配しないで。　お父さんと買い物に行ったよ。

Kota : ⑦ OK.　⑧ So far, so good.
コウタ：　よし。　今のところ順調だね。

Hajin : ⑨ What are you doing?
ハジン：　何をしているんですか？

Ms. Rios : ⑩ We're decorating the cake now.
リオスさん：　今はケーキの飾りつけをしているの。

Eri : ⑪ It's very pretty.
絵里：　とてもかわいいですね。

Kota : ⑫ OK.　⑬ Let's put up the decorations.
コウタ：　よし。　飾りつけをしよう。

● New Words　**単語と語句**　アクセントの位置に注意して, 声に出して発音しよう。

□ *so* [sóu/sə]　副 この程度まで, これくらいまで

□ **far** [fá:r]　副 遠く, はるかに

□ decorate [dékərèit]　動 ～を飾る, 装飾する　→ decorating

□ **pretty** [príti]　形 かわいらしい, 魅力的な

□ put up ～　（壁に絵など）を取り付ける

Kota たちはパーティーの相談のため，電話で話しています。
それぞれがしていることを教科書p.123の写真から選び，☐ に記号を書きましょう。

➡ 音声の内容はpp.166-167にあります。

(1) Ms. Rios ☐D　　　　(2) Hajin ☐E　　　　(3) Eri ☐C

ペアになり，教科書pp.118-119の絵の中から１人を選んで，動作をまねしましょう。例を参考にたずね合い，相手が何の動作をしているのか当てましょう。

[例]　A : Are you <u>writing a message?</u>
　　　　　（あなたはメッセージを書いていますか。）
　　　B : No, I'm not.
　　　　　（いいえ，違います。）
　　　A : Are you <u>talking on the phone?</u>
　　　　　（あなたは電話で話していますか。）
　　　B : No, I'm not.
　　　　　（いいえ，違います。）
　　　A : What are you doing?
　　　　　（あなたは何をしていますか。）
　　　B : I'm <u>baking a cake.</u>
　　　　　（私はケーキを焼いています。）

解答例　A : Are you baking a cake?
　　　　　（あなたはケーキを焼いていますか。）
　　　B : No, I'm not.
　　　　　（いいえ，違います。）
　　　A : What are you doing?
　　　　　（あなたは何をしていますか。）
　　　B : I'm choosing photos.
　　　　　（私は写真を選んでいます。）

自分がまねした人物のしていることを書きましょう。

Speak の B の解答例参照。

基本文

している最中のことをたずねる。
　　　Are you bak**ing** a cake**?**　（あなたはケーキを焼いていますか。）
— Yes, I **am**. / No, I**'m not**.　（はい，そうです。／いいえ，違います。）
What are you do**ing?**　（あなたたちは何をしていますか。）
— We **are**　　　decorat**ing** the cake now.　（私たちは今，ケーキの飾りつけをしています。）

▶ **Active Grammar**　p.170

教科書 124ページ

➡ 本文の解説は p.164 にあります。

Q. Tina はプレゼントについてどんな感想を言いましたか。
A. （例）すてきに見える。

Tina : ① Mom, we're home.
ティナ： お母さん，ただいま。

All : ② Surprise!
みんな： 驚いたでしょう！

Tina : ③ Wow, I had no idea. ④ You didn't tell me!
ティナ： うわあ，まったく知らなかった。 私に言わなかったね！

Eri : ⑤ Happy birthday, Tina! ⑥ Here's a present for you.
絵里： お誕生日おめでとう，ティナ！ これ，プレゼントだよ。

Tina : ⑦ Thank you so much, Eri. ⑧ What's inside?
ティナ： どうもありがとう，絵里。 中は何かなあ。

Eri : ⑨ It's a special album. ⑩ It was Kota's idea.
絵里： 特別なアルバムだよ。 コウタのアイデアだったんだ。

Hajin : ⑪ And we all helped.
ハジン： それでぼくたちみんなで手伝ったんだよ。

Kota : ⑫ What do you think?
コウタ： どうかな？

Tina : ⑬ It looks wonderful!
ティナ： すてき！

Think アルバムを見て Tina はどんな気持ちになったと思いますか。
（例）友達の思いに触れて，幸せな気持ち。

● New Words 単語と語句 アクセントの位置に注意して，声に出して発音しよう。

☐ wow [wáu] 間 〔感銘，喜びなどを表して〕うわあ，やあ
☐ *no* [nóu] 形 少しの〜もない
☐ **inside** [ìnsáid] 副 内側に，内部に
☐ *all* [ɔ́ːl] 代 〔主語・目的語の同格に用いて〕全て，みんな
☐ **think** [θíŋk] 動 〜と思う
☐ *look* [lúk] 動 〜に見える
☐ **wonderful** [wʌ́ndərfəl] 形 すばらしい，すてきな，見事な

Listen

Tina がプレゼントやパーティーでの出来事について感想を言います。
それぞれに当てはまる感想を選び，線で結びましょう。

→ 音声の内容はp.167にあります。

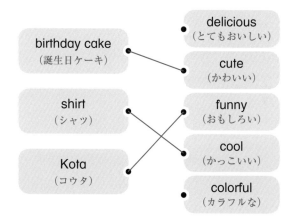

PARTY GOODS
（パーティーグッズ）

| balloon
（バルーン） | party hats
（パーティー帽子） |
| cup
（カップ） | glasses
（眼鏡） |

 Speak

About You 教科書p.125の写真の中から，パーティーを盛り上げるために欲しいものを選び，その品物と印象を伝え合いましょう。

［例］　A： What do you want for your friend's birthday party?
（友達の誕生日会のために何が欲しいですか。）

B： I want this balloon. It looks nice. What do you think?
（私はこのバルーンが欲しいです。すてきに見えます。あなたはどう思いますか。）

A： It looks so cute. （とてもかわいく見えます。）

解答例 A： What do you want for your friend's birthday party?
（友達の誕生日会のために何が欲しいですか。）

B： I want this cup. It looks cool. What do you think?
（私はこのカップが欲しいです。かっこよく見えます。あなたはどう思いますか。）

A： It looks funny. （おもしろそうに見えます。）

 Write

About You 自分が欲しいものと，それについての印象を書きましょう。

Speak の解答例参照。

基本文

どう見えるかを言う。
It　is　wonderful. （すてきです。）
It　**looks** wonderful. （すてきに見えます。）
Kota **looks** funny. （コウタはおもしろそうに見えます。）

● New Words　**単語と語句**　アクセントの位置に注意して，声に出して発音しよう。

□ **shirt** [ʃə́ːrt]　图 シャツ

□ **cup** [kʌ́p]　图 カップ，（コーヒー，紅茶用の）茶わん

□ **glasses** [glǽsiz]　图 眼鏡

Unit 8 本文の解説

Part 1

<table>
<tr>
<td rowspan="2">基本文</td>
<td colspan="2">している最中のことを言う。</td>
</tr>
<tr>
<td></td>
<td>
① I   bake   a cake on Sundays. （私は日曜日にケーキを焼きます。）
② I'm baking a cake now. （私は今，ケーキを焼いています。）
</td>
</tr>
</table>

学習のポイント

現在進行形

「(今)–をしています」のように，今している動作を表すときは，〈**be動詞 ＋ 動詞の -ing形**〉の形を使います。この形を現在進行形といいます。

> 現 在 形：I   bake   a cake on Sundays. （私は日曜日にケーキを焼きます。）

> 現在進行形：I **am** baking a cake now. （私は今，ケーキを焼いています。）
> 〈be動詞 ＋ 動詞の -ing形〉

このとき，be動詞（am, are, is）は主語によって次のように使い分けるので注意しましょう。

・主語が I のとき → **am**   ・主語が you と複数のとき → **are**

・主語が3人称単数のとき → **is**

本文の解説

教科書 p.120

① **Hello?** ② **Kota, it's Nick.** （→教科書p.120　KEY）

ここでの **Hello?** は，電話で言う「**もしもし。**」にあたる表現です。**it's Nick.「ニックです。」**は，話しているのが自分であること伝える表現です。I am〜. としないように注意しましょう。

③ **How's everything?** （→教科書p.120　表現）

How's は **how is** の短縮形です。**How's everything?** は，「**調子はどうですか。**」と状況をたずねる表現です。

⑤ **We're making a special photo album for Tina.**

We're は，**we are** の短縮形です。〈**be動詞 ＋ 動詞の -ing形**〉の形の現在進行形（**–をしています**）の文です。主語が we と複数なので，be動詞は **are** になります。

⑥ **And you?** （→教科書p.120　表現）

And you? は，「**あなたはどうですか。**」とたずね返す表現です。

⑦ **I'm baking a cake in the kitchen now.**

現在進行形（**〜をしています**）の文です。主語が I と単数なので，be動詞は **am** になります。**I'm** は，**I am** の短縮形です。

⑧ **My mother's helping me.**

My mother's は，**My mother is** の短縮形です。現在進行形の文で，主語が My mother と単数なので，be動詞は **is** になります。

⑪ **OK, see you later.** （→教科書p.120　表現）

See you later. は，「**また後でね。**」という意味の挨拶の表現です。

基本文

している最中のことをたずねる。

① **Are you baking a cake?** （あなたはケーキを焼いていますか。）

② — **Yes, I am. / No, I'm not.** （はい，そうです。／いいえ，違います。）

③ **What are you doing?** （あなたたちは何をしていますか。）

④ — **We are decorating the cake now.** （私たちは今，ケーキの飾りつけをしています。）

学習のポイント

現在進行形（疑問文）

①③ 現在進行形の文を疑問文にするときは，**be動詞**を主語の前に置いて，〈**be動詞＋主語＋動詞の -ing形 〜?**〉の形になります。疑問文の前に **what** を付けて〈**What + be動詞＋主語＋doing?**〉とすると，「〜は何をしていますか」という意味の疑問文になります。Yes や No で答える疑問文の終わりは上げ調子で言いますが，what のような疑問詞の付いた疑問文の終わりは下げ調子で言いましょう。

| 肯定文： | You **are baking** a cake. | （あなたはケーキを焼いています。） |

↓ be動詞を主語の前に置く。

| 疑問文： | **Are** you **baking** a cake **?** | （あなたはケーキを焼いていますか。） |

↓ What を文頭に置く。

| What の疑問文： | **What are** you **doing ?** | （あなたは何をしていますか。） |

②④ 現在進行形の疑問文には，**be動詞**を使って答えます。Yes のときは〈**Yes, 主語＋be動詞.**〉，No のときは〈**No, 主語 + be動詞 + not.**〉の形を使います。what のような疑問詞で始まる疑問文には，**Yes** や **No** では答えません。〈**主語 + be動詞 + 動詞の -ing形.**〉の形で答えます。

本文の解説

教科書 p.122

⑧ **So far, so good.** （→教科書p.122 表現）

So far, so good. は，「今のところ順調です。」という意味の表現です。

⑨ **What are you doing?**

疑問詞 **what** で始まる現在進行形の疑問文です。語順は〈**What + be動詞 + 主語 + doing?**〉で，「〜は何をしていますか。」という意味になります。**doing** の **do** は助動詞ではなく，「〜をする」という意味の動詞です。

⑩ **We're decorating the cake now.**

〈**be動詞 + 動詞の -ing形**〉の形の現在進行形（**−をしています**）の文です。主語が we なので，be動詞は **are** になります。

⑪ **It's very pretty.** （→教科書p.122 KEY）

It は，直前の文の the cake を指しています。会話をふくらませるには，一言感想を伝えるとよいでしょう。

⑬ **Let's put up the decorations.**

Let's は，「〜しましょう」と相手を誘う文で，**put up** は，「〜を取り付ける」という意味です。

基本文

どう見えるかを言う。

① **It is wonderful.** （すてきです。）
② **It looks wonderful.** （すてきに見えます。）
③ **Kota looks funny.** （コウタはおもしろそうに見えます。）

学習のポイント

look ＋ 形容詞

〈**look ＋ 形容詞**〉の形で「**〜に見える**」という意味を表します。この形で使われるときの look は，be 動詞 (is) のように，前後の語句をつなぐ働きをします。主語が「見る」のではなく，主語が「**〜に見える**」という意味になります。

It is wonderful. （すてきです。）

↓前後の語句をつなぐ働き
It **looks** wonderful. （すてきに見えます。）

↓前後の語句をつなぐ働き
Kota **looks** funny. （コウタはおもしろそうに見えます。）

本文の解説

教科書 p.124

① **Mom, we're home.** （→教科書p.124 表現）
〈we (I) + were (am) + home.〉は，「**ただいま。**」という帰宅のときの表現です。

② **Surprise!** （→教科書p.124 表現）
Surprise! は，相手を喜ばせるために，秘密にしていたことを明かし，いい意味で驚かせるときに使う表現です。

③ **Wow, I had no idea.** （→教科書p.124 表現）
I had no idea. は，「**全く知らなかった。**」という意味で，驚いたときに使う表現です。

⑤ **Happy birthday, Tina!** （→教科書p.124 表現）
Happy birthday. は，「**お誕生日おめでとう。**」という意味で，誕生日を祝うときに使う表現です。

⑧ **What's inside?**
What's は，**what is** の短縮形です。**inside** は「**内側**」という意味で，この文では，絵里たちにもらったプレゼントの内側 (中身) を表します。

⑫ **What do you think?** （→教科書p.124 表現）
What do you think? は，「**どう思いますか。**」という意味で，相手の感想をたずねる表現です。

⑬ **It looks wonderful!**
〈**look ＋ 形容詞**〉の形で「**〜に見える**」の意味を表し，**looks wonderful** は「**すてきに見える**」という意味になります。

Part 1 (教科書 p.121) の音声の内容

解答はp.157にあります。

ポイント 音声の内容は次の通りです。下線部に注意して, それぞれが選んだ写真の記号を ☐ に書きましょう。

Eri : Here are some photos of Tina. Let's choose some for the album.
（ティナの写真だよ。アルバム用に何枚か選ぼうよ。）

Hajin : Kota, which do you choose?
（コウタ, どれを選ぶの。）

Kota : I choose this one. Tina is wearing a *yukata*. She looks nice.
（これを選ぶよ。ティナは浴衣を着ているよ。彼女がすてきに見えるよ。）

Eri : Yes. I liked her dance in the *yukata*. How about you, Hajin? Which do you want to choose?
（うん。浴衣を着て踊るティナは, いいね。ハジンはどうなの。どっちを選ぶのかな。）

Hajin : I choose this one at the New Year.
（お正月のこれを選ぶよ。）

Kota : Tina tried *omikuji* and it was "*daikichi*", right?
（ティナがおみくじをひいたら,「大吉」だったんだよね。）

Hajin : Yeah. That's why she is smiling in this photo. I like her smile.
（そう。だから, この写真では, 彼女が笑っているんだよ。彼女の笑顔が, 好きなんだ。）

Kota : I see. I love Hajin's choice. Tina looks excited.
（そうなんだ。ハジンのチョイスは, いいね。ティナは, わくわくしているように見えるよ。）

Eri : And I like this one, at school.
（私は, 学校にいるこの写真が好きだな。）

Kota : Tina and you are talking at the window, right?
（ティナと絵里は, 窓際で話しているよね。）

Eri : Yes.
（うん。）

Hajin : What were you talking about?
（何を話していたの。）

Eri : It's a secret. But it was a special day for us. Anyway, we made some good choices!
（秘密だよ。でも, 私たちにとっては, 特別な日だったの。とにかく, いいものが選べたね。）

→ 解答はp.159にあります。

ポイント 音声の内容は次の通りです。下線部に注意して，それぞれがしていることを教科書p.123の写真から選び，☐ に記号を書きましょう。

(1)

Kota : Hello, Ms. Rios. It's Kota, Tina's friend.

（こんにちは，リオスさん。ティナの友達のコウタです。）

Ms. Rios : Good evening, Kota. I'm sorry, Tina is out now.

（こんばんは，コウタ。ごめんね，ティナは今，外出中なの。）

Kota : Oh, do you know where she is? （あ，そうですか。どこにいるか知っていますか。）

Ms. Rios : Yes, she is shopping. （うん，買い物よ。）

Kota : Oh, I see. By the way, can I talk to you for a minute?

（わかりました。ところで，ちょっとお話してもいいですか。）

Ms. Rios : Of course. I'm just drinking some tea.

（もちろんよ。今，お茶を飲んでいただけなのよ。）

(2)

Kota : Hi, Hajin. This is Kota. （ハジン，こんにちは。コウタだよ。）

Hajin : Hi. （こんにちは。）

Kota : What are you doing now? Are you studying? （今，何をしているの。勉強中かな。）

Hajin : No, I'm talking to you. （うん，君と話しているんだよ。）

Kota : Don't be silly! （ふざけないで。）

Hajin : I'm just kidding. I'm helping my mother. We're cooking now.

（冗談だよ。母の手伝いをしているんだ。今，料理をしているんだよ。）

Kota : Oh, I'm sorry for disturbing you. Are you free this evening?

（そうなんだ。邪魔してごめんね。今日の夜は，暇かな。）

Hajin : Yeah. （うん。）

Kota : Can you come over to my house? （ぼくの家に来ることができるかな。）

Hajin : Yes, but why? （うん，でも，どうして。）

Kota : Tina's birthday is next Sunday. I want to have a party for her. I want to talk about the plan with you and Eri.

（ティナの誕生日は，次の日曜日なんだ。彼女のために，パーティーをしたいんだよ。君と絵里といっしょに計画を練りたいな。）

Hajin : That's a good idea. Did you call Eri? （それはいいね。絵里には，電話したのかな。）

Kota : No, not yet. （ううん，まだだよ。）

Hajin : OK. I'll call Eri. （わかった。絵里に電話してみるよ。）

(3)

Hajin : Hello. （こんにちは。）

Eri : Hi, Hajin. （こんにちは，ハジン。）

Hajin : What are you doing, Eri? （絵里，何をしているの。）

Eri : I'm watching a video. （ビデオを見ているの。）

Hajin : Is it a musical?　（ミュージカルかな。）

　Eri : It's an action movie.　The actor in this story is cool.

（アクション映画だよ。この映画に出ている俳優がかっこいいの。）

Hajin : That's nice.　But can I talk with you for a minute?

（それはいいね。ちょっとだけ，話してもいいかな。）

　Eri : Sure.　What's up?　（もちろん。どうしたの。）

Hajin : Are you free this evening?　I want to go to Kota's house with you.

（今日の夜は，暇かな。コウタの家に，いっしょに行きたいんだけど。）

　Eri : Kota's house?　（コウタの家？）

Hajin : Yeah.　He called me.　Tina's birthday is next Sunday, right?　He wants to talk about her birthday party.

（うん，電話があったんだ。ティナの誕生日は，来週の日曜日だよね。ティナの誕生日パーティーの話をしたいって。）

　Eri : Wow, Tina's birthday party.　That sounds great.

（へぇ，ティナの誕生日パーティーか。それはいいね。）

Hajin : Can you come with me?　（いっしょに行ってくれるかな。）

　Eri : Of course!　（もちろん。）

Part 3 （教科書 p.125）の音声の内容

解答はp.161にあります。

ポイント　音声の内容は次の通りです。下線部に注意して，それぞれに当てはまる感想を選び，線で結びましょう。

Nick : Tina!　Happy birthday!　<u>Look, this is your birthday cake!</u>　I decorated it with Mom.

（ティナ！　お誕生日おめでとう。見て，誕生日ケーキだよ。ママといっしょに飾りつけたんだ。）

Tina : Wow, that's amazing.　<u>It looks so cute!</u>　（わあ，すごいわね。とってもかわいい。）

Nick : I hope it tastes good.　（おいしいといいなあ。）

Tina : I can't wait to try it.　Thank you so much, Mom and Nick!

（早く食べてみたいわ。ママとニック，本当にありがとう。）

Mr. Rios : There is a birthday present from us, too.　（私たちからも，誕生日プレゼントがあるよ。）

　Tina : Really?　Thank you, Dad!　Can I open it?　（そうなの。パパ，ありがとう。開けてもいいかな。）

Mr. Rios : Sure.　（もちろん。）

Tina : <u>A green shirt!</u>　<u>Wow, it looks so cool.</u>　I love this color.　Everyone, thank you so much for such a nice party.

（緑のシャツ！　うわあ，かっこいいな。この色大好きなの。みんな，すてきなパーティーをありがとう。）

Kota : You're welcome, Tina.　（どういたしまして，ティナ。）

Tina : <u>Kota, I like your birthday glasses too.</u>　（コウタ，誕生日の眼鏡もいいね。）

Kota : Your mom gave me them.　Do you really like them?

（君のお母さんがくれたんだよ。本当に気に入ったかな。）

Tina : Yes.　<u>You look funny with them.</u>　I love them.

（うん。その眼鏡をかけているとおもしろそうに見えるね。大好きだよ。）

Unit 8 **Goal** アルバムの最後のページを作ろう

 Listen　 Write

Listening Kota が Ms. Brown にパーティーの写真を見せながら説明しています。
説明に合う様子を教科書p.126の **A** 〜 **L** から選び，それぞれの名前の □ に記号を書きましょう。

AT THE PARTY　（パーティーで）

Kota 　A 　　　Tina 　E 　　　Eri 　D 　　　Hajin 　C

Writing Tina に贈ったアルバムの最後のページに，パーティー当日の写真を加えることになりました。
あなたならどのような写真を載せますか。教科書p.126を参考に載せたい写真を描き，
様子を説明するキャプションを書きましょう。

解答例　写真：ティナがコウタの誕生日の眼鏡をかけ，
　　　　　　　それを見たみんながうれしそうに笑っている写真。

キャプション：Tina is wearing the Kota's birthday glasses.
　　　　　　（ティナがコウタの誕生日の眼鏡をかけている。）
　　　　　　Everyone looks so happy.
　　　　　　（みんながとてもうれしそうに見える。）

ポイント　音声の内容は次の通りです。

Kota : Ms. Brown, I have some pictures from Tina's birthday.
（ブラウン先生，ティナの誕生日の写真があります。）

Ms. Brown : Can I see them?
（見てもいいですか。）

Kota : Of course. Look.
（もちろん。どうぞ。）
This is my favorite.
（これが私のお気に入りの写真です。）

Ms. Brown : Nice picture.
（いい写真ね。）
Oh. You're wearing the birthday glasses.
（あら。誕生日の眼鏡をかけているわね。）
You look so funny!
（とてもおもしろそうに見えるわ！）

Kota : And here is Tina.
（そして，これがティナです。）

Ms. Brown : What is she holding?
（ティナは何を持っているのかな。）

Kota : It's a photo album.

（写真集です。）

It was her birthday present.

（ティナの誕生日プレゼントでした。）

We made it for her.

（ぼくたちが彼女のために作ったんです。）

Ms. Brown : That's great.

（すばらしいわね。）

Oh, Eri is playing the piano.

（まあ，絵里がピアノを弾いているわ。）

Kota : Yes. And Tina's brother, Nick's dancing to the music.

（そうなんです。ティナの弟のニックが音楽に合わせて踊っているんです。）

Ms. Brown : He looks cute.

（彼はかわいらしく見えるわ。）

What is Hajin doing here?

（ハジンは何をしているの。）

Kota : He's trying to dance with Nick.

（彼はニックと踊ろうとしています。）

Ms. Brown : I see. He's practicing his dancing.

（なるほど。彼は練習しているのね。）

Kota : That's right.

（そうなんです。）

Ms. Brown : Everyone looks so happy in this picture.

（この写真はみんなとてもうれしそうだわ。）

Thank you for sharing it with me, Kota.

（コウタ，シェアしてくれてありがとう。）

ふり返り

CAN-DO 写真の説明から，その場の状況を聞き取ることができる。　▶▶CAN-DO List (L-1)

CAN-DO 写真に，状況を説明するキャプションを書くことができる。　▶▶CAN-DO List (W-2)

現在進行形 （している最中のことを伝える言い方）

● 場面と意味

Kota : We're making a special photo album for Tina. And you?
（ティナのための特別なアルバムを作っているんだ。君は？）

Nick : I'm baking a cake in the kitchen. My mother's helping me.
（キッチンでケーキを焼いているよ。母が手伝ってくれているんだ。）

Think　（例）電話でティナの誕生日パーティーの準備について話しているところ。

● 文の形

現在進行形 〈be動詞 ＋ 動詞の − ing 形〉　　　　　▶ Unit 8-1　8-2

肯定文	I	**am**	play**ing**	soccer now.

（私は今、サッカーをしています。）

疑問文	**Are**	you	play**ing**	basketball now**?**

— Yes, I **am**. / No, I **am not**.
（はい、しています。／いいえ、していません。）

否定文	I	**am**	**not** play**ing**	basketball now.

（私は今、バスケットボールをしていません。）

> be動詞は主語によって使い分けます。

▶ 動詞の − ing 形

play　（〜をする）	play**ing**
make　（〜を作る）	mak**ing**
run　（走る）	run**ning**
swim　（泳ぐ）	swim**ming**

like「〜が好き」，know「〜を知っている」，want「〜が欲しい」など，
心の状態を表す動詞はあまり進行形にしません。

● 比べてみよう

下の2つの文は，内容にどんな違いがありますか。

> Hajin **plays** basketball.
> （ハジンはバスケットボールをする。）

> Hajin **is playing** basketball.
> （ハジンはバスケットボールをしている。）

解答例　左の文は，「バスケットボールをする」という習慣を述べている。
右の文は，「バスケットボールをしている」と，今，進行している最中であることを述べている。

Grammar Hunt　Unit 8 のストーリーを読み，現在進行形の文に○印を付けましょう。
また，それぞれの文が表している状況を確かめましょう。

解答例　Unit 8　Part 2
Ms. Rios : We're decorating the cake now.　　p.158参照。

+1　Unit 4，5 のストーリーの絵を見て，人物のしていることを説明してみましょう。

解答例　Tina and Eri are talking about a new student.
（ティナと絵里は新しく来た生徒について話しています。）

ラジオの中継

Goal **Listening** ラジオの中継から，現地の様子を聞き取ることができる。

ラジオの英語番組で中継が始まりました。
どこから何をリポートしているのか，状況を思い浮かべながら聞きましょう。

1. 次の3つの情報を聞き取り，正しいものに ✔ を付けましょう。

中継している場所	◯ Higashi Park（東公園）	✔ Hirosaki Park（弘前公園）	◯ Aomori Park（青森公園）
今日の気温	◯ cold（寒い）	◯ cool（涼しい）	✔ warm（暖かい）
中継する対象	✔ *hanami*（花見）	◯ hiking（ハイキング）	◯ picnic（ピクニック）

2. リポーターが屋台で食べたものに ✔ を付けましょう。

◯ apple pie（アップルパイ）　　◯ candy apple（リンゴ飴）　　✔ apple ice cream（リンゴのアイスクリーム）

3. リポートの内容と合う状況に ✔ を付けましょう。

解答 ✔ が付くのは，教科書p.129の3つの写真のうち，真ん中のもの

ポイント 音声の内容は次の通りです。

1.
Amy : Hi, there. It's Sunday at 11 a.m. I'm Amy Grande.
（こんにちは。日曜日の午前11時です。エイミー・グランデです。）
Welcome to "Beautiful Japan"! Today I'm at Hirosaki Park, in Aomori.
（「ビューティフル・ジャパン」へ，ようこそ。今日は，青森の弘前公園に来ています。）
Here in Aomori, the cherry blossoms are half in bloom now.
（ここ青森では，今，桜が五分咲きです。）
And Hirosaki Park is one of Aomori's popular *hanami* spots.
（弘前公園は青森の人気のお花見スポットの1つなんです。）
It was cold yesterday, but it's warm today.
（昨日は寒かったのですが，今日は暖かいです。）
It's the perfect day for cherry blossom viewing! Let's go!
（お花見日和ですね。さあ，行ってみましょう！）

2.
Amy : Wow! I can see cherry blossoms everywhere! It's fantastic.
（うわぁ。どこでも桜の花が見えますね。すばらしいわ。）
People are taking lots of pictures of the cherry blossoms.
（みんな桜の写真をたくさん撮っています。）

And some people are shooting videos. Mmm .... Smells so good!
（それに，ビデオを撮っている人もいます。うーん……。いい香りがします。）

Some people are eating lunch. You can also get Japanese street food here.
（お昼ご飯を食べている人もいます。ここでは日本のストリートフードも食べられます。）

Lots of food stalls — *yatai* in Japanese.
（屋台がたくさん出ています。日本語では，「やたい」といいます。）

Takoyaki, ramen, apple pies, candy apples, and so on.
（たこ焼き，ラーメン，アップルパイ，りんご飴など。）

Let me try some food. Hello.　（私も食べてみます。こんにちは。）

Man A : Hi.　（こんにちは。）

Amy : Hi. What's this?　（こんにちは。これは何ですか。）

Man A : Apple ice cream. Aomori is famous for apples, you know.
（リンゴのアイスクリームです。青森はりんごで有名なんですよ。）

Amy : It looks delicious! Can I have some?　（おいしそうですね！　食べていいですか。）

Man A : Sure. Here you are.　（もちろん。はい，どうぞ。）

Amy : Thank you. Oh, it tastes sweet.　（ありがとうございます。あ，あまいですね。）

3.

Amy : Hey, what's that sound? Some people are performing music over there.
（あら，何の音でしょうか。向こうで音楽を演奏している人たちがいます。）

What are those musical instruments? Let's ask that gentleman.
（あの楽器は何でしょうか。あちらの男性に聞いてみましょう。）

Excuse me. What instrument are they playing?
（すみません。彼らは何の楽器を演奏しているのですか。）

Man B : You don't know? They are playing *shamisen*.
（知らないのですか。三味線を演奏しています。）

Shamisen is a traditional Japanese musical instrument.
（三味線は日本の伝統的な楽器です。）

Amy : I see. The sound is wonderful. I like it. Thank you.
（なるほど。音がすばらしいですね。気に入りました。ありがとうございました。）

Amy : Under the cherry blossom trees, everyone is having a good time. I feel so happy.
（桜の木の下で，みんなが楽しく過ごしています。私もとても幸せな気分になりました。）

Oh, it's time to say goodbye. Did everyone enjoy my report?
（あ，そろそろお別れの時間です。みなさん，私のレポートを楽しんでいただけましたか。）

I hope you all did. See you next week! Bye now.
（みなさんにお楽しみいただけたらいいなと思います。それでは，また来週お会いしましょう！　さようなら。）

◆ New Words　**単語と語句**　アクセントの位置に注意して，声に出して発音しよう。

□ *cold* [kóuld]　形 寒い，冷たい	□ picnic [píknik]　名 ピクニック
□ **warm** [wɔ́:rm]　形 暖かい，温暖な	□ pie [pái]　名 パイ
□ hiking [háikiŋ]　名 ハイキング	□ **candy** [kǽndi]　名 キャンディー
□ *cool* [kú:l]　形 涼しい，ひんやりとした	

The Lion and the Mouse　ライオンとネズミ

Goal　Reading　物語から，あらすじを読み取ることができる。

Before You Read　lion, eat, mouse, help の4つのキーワードで，どのような物語ができると思いますか。

（例）ライオンがネズミを食べずに助ける話。

➡ 本文の解説はp.175にあります。

① One day, a mouse climbed up on a lion's back.
ある日，1匹のネズミがライオンの背中によじ登りました。

② The lion caught the mouse.
そのライオンはネズミをつかまえました。

Lion : ③ You look delicious.
ライオン：　お前は，うまそうだな。

Mouse : ④ Please don't eat me.
ネズミ：　お願いです，ぼくを食べないでください。

⑤ We can be good friends.
ぼくたち，きっといい友達になれますよ。

⑥ Maybe I can help you someday.
いつか，あなたを助けることができるかもしれません。

Lion : ⑦ What?
ライオン：　何？（助ける？）

⑧ I am the king of the jungle, and you are just a mouse!
わしはジャングルの王で，お前はただのネズミではないか！

Mouse : ⑨ I promise!
ネズミ：　お約束します！

Lion : ⑩ All right, mouse.　⑪ You may go.
ライオン：　よしわかった，ネズミよ。　　逃がしてやる。

Q. Did the lion eat the mouse?
（ライオンはネズミを食べましたか。）

A.　（例）No, the lion didn't eat the mouse.
（いいえ，ライオンはネズミを食べませんでした。）

TIPS for Reading

出来事の順序
次のことに気をつけて，順序を確かめながら読むと，あらすじをつかみやすくなる。
- いつの出来事か（時を表す語に注意）
- 誰が，何をしたか

→ 本文の解説は p.176 にあります。

① The next day, the lion went to the jungle.
次の日，そのライオンはジャングルに行きました。

② Some hunters caught the lion with a net.
（すると）猟師たちが網を使って，ライオンをつかまえたのです。

③ The lion roared for help.　④ The mouse heard the cry.
ライオンは助けを求めてほえました。　　ネズミが，その叫び声を聞きつけました。

⑤ The mouse climbed up on the net and chewed on it.
ネズミはその網をよじ登ると，それをかじりました。

⑥ The lion got away.
ライオンは逃げ出しました。

Lion :　⑦ Dear mouse, you kept your promise.
ライオン：　　親愛なるネズミよ，お前は約束を守ってくれたのだな。

⑧ You are small, but you are a true friend.
お前は小さいが，（私の）本当の友達だ。

[112 words]　［112語］

After You Read

1. 物語の内容の順に，（　）に 1〜4 の数字を書きましょう。

（ 2 ）Some hunters caught the lion.　（ 4 ）The mouse chewed on the net.
　　　（猟師たちがライオンをつかまえました。）　　　（ネズミは網をかじりました。）
（ 1 ）The lion caught the mouse.　（ 3 ）The mouse heard the lion's cry.
　　　（そのライオンはネズミをつかまえました。）　　　（ネズミが，ライオンの叫びを聞きつけました。）

2. （Think）　Why did the mouse help the lion?　（なぜネズミはライオンを助けたのですか。）

（例）Because the mouse promised the lion.　（ネズミはライオンに約束したからです。）

● New Words　**単語と語句** アクセントの位置に注意して，声に出して発音しよう。　教科書 p.130

☐ **lion** [láiən] 名 ライオン　　　　　☐ **jungle** [dʒʌ́ŋgl] 名 ジャングル

☐ **mouse** [máus] 名 ネズミ　　　　　☐ **promise** [prɑ́mis] 動 約束する

☐ **back** [bǽk] 名 背中　　　　　　　☐ **may** [méi] 助 〜してよい

☐ **catch** [kǽtʃ] 動 〜を捕まえる　　　☐ one day （過去または未来の）ある日
　→ ☐ **caught** [kɔ́ːt] 動 catch の過去形
☐ **someday** [sʌ́mdèi] 副 いつか，そのうち　☐ climb up 登る，よじ登る

● New Words　単語と語句　アクセントの位置に注意して，声に出して発音しよう。　教科書 p.131

□ hunter(s) [hʌ́ntər(z)]　名 猟師，狩りをする人	□ **away** [əwéi]　副 あちらへ，向こうへ
□ net [nét]　名 網，ネット	□ **keep** [kíːp]　動 〜を守る
□ roar(ed) [rɔ́ːr(d)]　動 ほえる	→ □ kept [képt]　動 keep の過去形
hear [híər]　動 〜を聞く	□ *promise* [prάmis]　名 約束
→ □ **heard** [hə́ːrd]　動 hear の過去形	□ **small** [smɔ́ːl]　形 小さい
□ cry [krái]　名 叫び声，大声	□ **true** [trúː]　形 真実の，本当の
□ chew(ed) [tʃúː]　動 よくかむ	□ chew on 〜　〜をかむ
get [gét]　動 (場所に) 着く，行く	□ get away　逃げる
→ □ *got* [gάt]　動 get の過去形	□ keep one's promise　約束を守る

本文の解説

教科書 p.130

① One day, a mouse climbed up on a lion's back.

One day の **one** は「1つ」の意味ではなく，「**ある〜**」の意味の形容詞です。
lion's back の **back** は副詞ではなく，「**背中**」という意味の名詞です。

② The lion caught the mouse.

caught は **catch** (〜をつかまえる) の過去形で，不規則に変化する不規則動詞です。

③ You look delicious.

〈**look + 形容詞**〉の形で「**〜に見える**」の意味を表し，look delicious は「**おいしそうに見える**」という意味になります。

④ Please don't eat me.

〈**don't + 動詞の原形 〜.**〉の形で「**〜してはいけない**」と相手に指示する文 (否定の命令文) ですが，ここでは，文頭に **Please** が付いているので，「**どうか〜しないでください**」という意味になります。

⑤ We can be good friends.

〈**can + 動詞の原形**〉の形で「**〜することができる**」と可能を表す文です。**be** は **be動詞** (am，is，are) の原形で，「**〜になる**」の意味で使われています。

⑧ I am the king of the jungle, and you are just a mouse!

just は a mouse の前に付いているので，「**ただのネズミだ**」と a mouse を強調する意味で使われています。

⑪ You may go.

〈**may + 動詞の原形**〉の文ですが，この **may** は「**〜してもよい**」と許可を表す助動詞で，**may go** は「**行ってもよい**」という意味になります。

本文の解説

① **The next day, the lion went to the jungle.**

went は不規則動詞 **go** (行く) の過去形で，不規則に変化する不規則動詞です。「**〜へ行く**」というときは，to をつけて **go to** 〜で表します。

② **Some hunters caught the lion with a net.**

この文の **with** は，「**〜を使って，〜で**」の意味で手段・道具を示す前置詞です。caught the lion with a net で「**ライオンを網でつかまえた**」という意味になります。

③ **The lion roared for help.**

roar (ほえる) は，動詞の原形に **-ed** を付けて過去形を表す規則動詞です。for help の **help** は名詞で，**roared for help** で，「**助けを求めてほえた**」という意味です。

④ **The mouse heard the cry.**

heard は不規則動詞 **hear** (〜が聞こえる) の過去形です。

⑤ **The mouse climbed up on the net and chewed on it.**

chew (よくかむ，かじる) は，動詞の原形に **-ed** を付けて過去形を表す規則動詞です。

⑥ **The lion got away.**

got は不規則動詞 **get** の過去形で，**got away** は「**逃げた**」という意味になります。

⑦ **Dear mouse, you kept your promise.**

Dear mouse, は，「**親愛なるネズミよ**」の意味で，ライオンがネズミによびかけています。

kept は不規則動詞 **keep** の過去形で，**kept your promise** は「**(あなたの) 約束を守った**」という意味になります。

⑧ **You are small, but you are a true friend.**

この文は，「**お前は小さいが，本当の友達だ**」という意味を表し，この物語のテーマを示しています。

あなたの中学校が英語のウェブサイトを公開することになりました。
1年間の学校行事を紹介するページを作りましょう。

Reading Tina のニューヨークの友人が通う Hudson Middle School のウェブサイトの一部です。
自分たちの学校と同じところや違うところは見つかるでしょうか。

Welcome to Hudson Middle School! （ハドソン中学校へようこそ！）

Field Trip （遠足）

Every class went to a different place. Some classes visited museums. Other classes went to the parks. By the way, the famous Central Park is next to our school.

それぞれのクラスが異なる場所に行きました。いくつかのクラスは美術館へ行きました。ほかのクラスは公園に行きました。ところで，有名なセントラルパークは私たちの学校の隣にあります。

School Trip （修学旅行）

We have a school trip in summer. This is our popular event of the year. Last year, we went to the U.K. and visited some museums.

夏には修学旅行があります。これは1年のうちで人気のある行事です。昨年，私たちはイギリスへ行き，いくつかの美術館を訪ねました。

Science Fair （サイエンスフェア）

In winter, we have a science fair. Every student studies one topic and makes a poster. The elementary school students always come and enjoy this event.

冬にはサイエンスフェアがあります。どの生徒も1つのトピックを研究し，ポスターを作ります。毎年，小学生が来て，行事を楽しんでいます。

Talent Show （タレントショー）

Do you like being on the stage? We have the "Hudson Middle School Talent Show" in March. Dancing, singing a song or performing a comedy show, you can do anything.

ステージに立つのは好きですか。3月には「ハドソン中学校タレントショー」があります。踊ること，歌を歌うこと，コメディーショーを上演することなど，何でもできます。

[118 words] ［118語］

● New Words 単語と語句 アクセントの位置に注意して，声に出して発音しよう。

- □ **welcome** [wélkəm] 間 ようこそ, いらっしゃい
- □ **middle** [mídl] 形 中間の, 中頃の
- □ **field** [fíːld] 名 〔通例複合語で〕実地~, 現地~
- □ **field trip** [fíːld trip] 名 (生徒の)校外見学, 遠足
- □ **different** [dífərənt] 形 違った, 異なった
- □ **other** [ʌ́ðər] 形 別の, 他の
- □ Central Park セントラルパーク
- □ **trip** [tríp] 名 旅行
- □ school trip [skúːl trip] 名 修学旅行
- □ **event** [ivént] 名 行事, 催し物, イベント
- □ **last** [lǽst] 形 この前の, 昨~, 先~
- □ **fair** [féər] 名 説明会

- □ **topic** [tápik] 名 話題, トピック
- □ **poster** [póustər] 名 ポスター
- □ **elementary** [èləméntəri] 形 初歩の, 初等の
- □ **elementary school** [eləméntəri skùːl] 名 小学校
- □ **talent** [tǽlənt] 名 才能ある人々
- □ *show(s)* [ʃóu(z)] 名 見せ物, ショー
- □ **stage** [stéidʒ] 名 舞台, ステージ
- □ **song** [sɔ́ːŋ] 名 歌
- □ perform(ing) [pərfɔ́ːrm(iŋ)] 動 ~を演じる, ~を上演する
- □ welcome to ~ ~へようこそ
- □ last year 昨年

Thinking あなたの学校のウェブサイトでは，どのような行事を紹介したらよいでしょうか。
グループで話し合い，4つの行事を選び，それぞれの説明を考えましょう。

[例] School Open Day（学校公開日）	In June, we have a school open day.（6月に学校公開日があります。） You can try our school lunch.（給食を食べてみることができます。）
解答例 ❶ Chorus Contest（合唱コンクール）	In June, we have a chorus contest.（6月に合唱コンクールがあります。） Everyone practices a lot for this event.（みんな，この行事のためにたくさん練習します。）
❷ Speech Contest（スピーチコンテスト）	In September, we have a speech contest.（9月にスピーチコンテストがあります。） Please come to hear our exciting speeches.（私たちのわくわくするスピーチを聞きに来てください。）
❸ Sports Day（体育祭）	In October, we have a sports day.（10月に体育祭があります。） You can join the game.（観客も競技に参加することができます。）
❹ School Festival（学園祭）	In November, we have a school festival.（11月に学園祭があります。） We play dramas on the stage.（私たちはステージで演劇をします。）

Speaking A4の用紙1枚に紹介ページのイメージをまとめ，見せながらグループごとに発表しましょう。
発表した後に，グループ同士で見せ合い，お互いのページにコメントを書きましょう。

解答例 発表：

This is our school website. It shows our school events.
（こちらは私たちの学校のウェブサイトです。学校行事を紹介しています。）

In June, we have a chorus contest. Everyone practices a lot for this event.
（6月に合唱コンクールがあります。みんな，この行事のためにたくさん練習します。）

In September, we have a speech contest. Please come to hear our exciting speeches.
（9月にスピーチコンテストがあります。私たちのわくわくするスピーチを聞きに来てください。）

In October, we have a sports day. You can join the game.
（10月に体育祭があります。観客も競技に参加することができます。）

In November, we have a school festival. We play dramas on the stage.
（11月に学園祭があります。私たちはステージで演劇をします。）

We enjoy our school events.
（私たちは学校行事を楽しんでいます。）

コメント：
I think your website is interesting. （あなたたちのウェブサイトはおもしろいと思います。）

ふり返り 学校行事の紹介ページを作ることができるかな。

✓まだできない　✓助けがあればできる　✓ひとりでできる　✓自信をもってできる

CAN-DO List (R-1) (SP-2)

Your Coach ❷　辞書を使おう

Q　辞書をひくコツを教えてください。

A1　英和辞典に出ている情報を確かめましょう。

英和辞典は，主に単語の意味や使い方を調べるときに使います。

英和辞典の単語は，アルファベット順（A〜Z）に並んでいます。
例えば book という単語を調べるためには，B の中で bo の部分から探していきます。

特に次の4つの部分に注目します。

英和辞典の例

① 見出し語
アルファベット順に並んでいます。

② 発音
カタカナでも表記している場合があります。

③ 品詞
例の 名 は「名詞」，動 は「動詞」を示しています。

④ 意味
1つだけではなく，複数の意味で分類されています。

book [búk]　　　　　　　　　B
— 名（複数形 books [-s]）
1. Ⓒ 本, 書籍, 書物：Open your *books* to page 9. 本の9ページを開きなさい。 a comic *book* 漫画本　read a *book* 本を読む
2. Ⓒ 巻, 編　*Book* 2 of the series　シリーズの第2巻
3. Ⓒ 帳簿, ノート (notebook)
4. <the Book で> 聖書
— 動（3単現 books [-s]；過去・過去分詞 booked [-t]；現在分詞 booking）
1. (座席・部屋・チケットなど) を予約する　*book* a hotel room ホテルの部屋を予約する

Ⓒ 数えられる名詞 (可算名詞)
Ⓤ 数えられない名詞 (不可算名詞)

A2　実際に英和辞典を使って調べてみましょう。

次の単語は，日常的によく使われている語です。英和辞典を使って，日本語の意味を調べてみましょう。

英 語	(1) talent	(2) snack	(3) mansion
解答例　意 味	才能, 才能ある人々	軽食, 間食, おやつ	屋敷, マンション

A3　和英辞典も見てみましょう。

和英辞典では，日本語の意味にあたる英語の単語や表現例を調べることができます。
見出し語は普通「あいうえお」順に並んでいます。

和英辞典の例

① 見出し語

● げきじょう　劇場　**theater**
母はよく芝居 (映画) を見に行く．　My mother often goes to the theater.

● けさ　今朝　**this morning**　　　け
今朝はよく晴れています．　It's fine this morning.

Goal ストーリーについて，簡単な語句や文を使い，その場で話すことができる。

 教科書pp.136-137の絵を使い，ストーリーを自分の言葉で伝えましょう。

Unit 1 **Here We Go!** [教科書 p.28，172]

1 lost ／ together （道に迷った／いっしょに）
Tina is lost. Eri says to Tina, "Let's go together."
（ティナは道に迷っています。絵里はティナに言います。「いっしょに行きましょう。」）

2 Kotaro ／ Kota （光太郎／コウタ）
Kota says to Tina, "I'm Kotaro. Call me Kota."
（コウタはティナに言います。「ぼくは光太郎です。コウタとよんでください。」）

3 cherry blossoms ／ spring （桜の花／春）
Tina, Eri, and Kota see cherry blossoms. Eri likes spring.
（ティナと絵里，コウタは桜の花を見ています。絵里は春が好きです。）

4 spring （春）
Kota doesn't like spring. He likes fall.
（コウタは春が好きではありません。彼は秋が好きです。）

5 New York ／ music ／ sports （ニューヨーク／音楽／スポーツ）
Tina is from New York. She likes music and sports.
（ティナはニューヨーク出身です。彼女は音楽とスポーツが好きです。）

6 the drums ／ the piano （ドラム／ピアノ）
Eri can't play the drums. But she can play the piano.
（絵里はドラムを演奏できません。しかし，ピアノは演奏できます。）

Unit 2 **Club Activities** [教科書 p.38，172]

1 the brass band （吹奏楽部）
Tina and Kota visit the brass band.
（ティナとコウタは吹奏楽部を訪ねます。）

2 come in ／ look （入る／見る）
Mr. Utada says to them, "Come in. Have a look inside."
（ウタダ先生は彼らに言います。「どうぞ，中に入って。中を見てみて。」）

3 the trumpet ／ on weekends （トランペット／週末に）
Kota plays the trumpet on weekends.
（コウタは週末にトランペットを演奏します。）

4 Mondays ／ Wednesdays ／ Fridays （月曜日／水曜日／金曜日）
Students in the brass band usually practice on Mondays, Wednesdays, and Fridays.
（吹奏楽部の生徒たちは普段，月曜日，水曜日，金曜日に練習します。）

5 drama club ／ a tongue twister （演劇部／早口言葉）
Tina and Eri join the drama club. Tina can't say a tongue twister.
（ティナと絵里は演劇部に参加しています。ティナは早口言葉を言うことができません。）

6 say ／ repeat （～を言う／繰り返して言う）
Eri says the tongue twister. Tina repeats after Eri.
（絵里は早口言葉を言います。ティナは絵里の後に続いて言います。）

教科書pp.138-139の絵を使い，ストーリーを自分の言葉で伝えましょう。

Unit 3 **Enjoy the Summer** [教科書 p.48，172]

1 grandparents ／ beach （祖父母／ビーチ）
Eri, Tina, and Kota talk about the summer vacation. Tina visits her grandparents.
Eri goes to the beach with her family.
（絵里とティナ，コウタは夏休みについて話します。ティナは祖父母のところに行きます。絵里は家族とビーチに行きます。）

2 the trumpet ／ summer festival （トランペット／夏祭り）
Kota practices the trumpet. He goes to the summer festival.
（コウタはトランペットの練習をします。彼は夏祭りに行きます。）

3 *yukata* ／ *Bon-odori* （浴衣／盆踊り）
Tina and Eri go to the summer festival in *yukata*. *Bon-odori* is a summer festival dance.
（ティナと絵里は浴衣で夏祭りに行きます。盆踊りは夏祭りのダンスです。）

4 Nick ／ like ／ join in （ニック／～が好きである／加わる）
Nick likes dancing. He joins in *Bon-odori*.
（ニックは踊ることが好きです。彼は盆踊りに加わります。）

5 balloons ／ yo-yos ／ a fishing game （風船／ヨーヨー／釣りのゲーム）
Nick finds the balloons at the Honcho summer festival. They are like yo-yos. It's a fishing game.
（ニックは本町夏祭りで風船を見つけます。それらはヨーヨーみたいなものです。釣りのゲームです。）

6 too heavy ／ a pro （重すぎる／プロ）
The balloon is too heavy. Kota says, "I'm a pro."
（風船はとても重すぎます。コウタは言います。「ぼくはプロだよ。」）

Unit 4 **Our New Friend** [教科書 p.62]

1 Hajin ／ Korea （ハジン／韓国）
Hajin is from Korea.
（ハジンは韓国出身です。）

2 P.E. ／ English （体育／英語）
Mr. Hoshino is the P.E. teacher. Ms. Brown is the English teacher.
（ホシノ先生は体育の先生です。ブラウン先生は英語の先生です。）

3 a good basketball player （よいバスケットボール選手）
Hajin is a good basketball player.
（ハジンはバスケットボールがうまいです。）

4 meet ／ ask （～に会う／〔人〕にたずねる）
Eri wants to meet the new student. She asks Kota.
（絵里は新しく来た生徒に会いたいです。彼女はコウタにたずねます。）

5 friend ／ a classmate （友達／同級生）
The new student's name is Hajin. Hajin is Kota's friend. He is a classmate of Kota.
（新しく来た生徒の名前はハジンです。ハジンはコウタの友達です。彼はコウタの同級生です。）

6 neighbor （近所の人）
Eri says to Hajin, "I'm Kota's neighbor."
（絵里はハジンに言います。「私はコウタの家の近所に住んでいるの。」）

New Words 　**単語と語句** アクセントの位置に注意して，声に出して発音しよう。

☐ join [dʒɔ́in] 動 参加する，加わる

教科書pp.140-141の絵を使い，ストーリーを自分の言葉で伝えましょう。

Unit 5 **This Is Our School** [教科書 p.72]

1 gym ／ swimming pool　（体育館／プール）
The gym is next to the swimming pool.
（体育館はプールの隣にあります。）

2 cafeteria ／ lunch ／ classroom　（カフェテリア／昼食／教室）
Tina's school does not have a cafeteria. Students eat lunch in the classroom.
（ティナの学校にはカフェテリアはありません。生徒は教室でお昼を食べます。）

3 take off ／ slippers　（〔衣服・靴など〕を脱ぐ／スリッパ）
Ms. Rios takes off her shoes. She puts on her slippers.
（リオスさんは靴を脱ぎます。彼女はスリッパを履きます。）

4 follow ／ classroom　（〔人・物〕の後について行く／教室）
Ms. Rios follows Tina. They go to the classroom.
（リオスさんはティナについて行きます。彼女たちは教室に行きます。）

5 drama club ／ clean-up time　（演劇部／掃除の時間）
Tina has drama club after clean-up time.
（ティナは掃除の時間の後に演劇部の活動をします。）

6 clean ／ sweep ／ wipe　（掃除する／〔床・地面など〕を掃く／〔物の表面〕を〔布，手などで〕拭く）
Eri and Tina clean their classroom and hallway. They sweep the floor and wipe the blackboard.
（絵里とティナは教室と廊下を掃除します。彼女たちは床を掃いて黒板をきれいにします。）

Unit 6 **Cheer Up, Tina** [教科書 p.84]

1 studies ／ has ／ likes　（勉強する／～を持っている／～が好きである）
Tina studies hard. She has a lot of friends. She likes singing and dancing.
（ティナは一生懸命勉強します。彼女はたくさんの友達がいます。彼女は歌うことと踊ることが好きです。）

2 these days ／ quiet　（最近／おとなしい）
Tina is quiet these days.
（ティナは最近おとなしいです。）

3 Christmas ／ a soccer ball　（クリスマス／サッカーボール）
Nick talks with his grandparents. He wants a soccer ball for Christmas.
（ニックは祖父母と話します。彼がクリスマスに欲しいのはサッカーボールです。）

4 in bed ／ a cold　（〔ベッドで〕寝ている／風邪）
Tina is in bed. But she doesn't have a cold.
（ティナがベッドで寝ています。しかし，彼女は風邪をひいているのではありません。）

5 sleep well ／ play　（よく寝る／遊ぶ）
Tina sleeps well. But she doesn't play with Nick these days.
（ティナはよく眠れています。しかし，最近，彼女はニックと遊びません。）

6 friends ／ tired ／ rest　（友達／疲れた／休息）
Tina has many friends. She is tired. She needs some rest.
（ティナはたくさんの友達がいます。彼女は疲れています。彼女には休息が必要です。）

教科書pp.142-143の絵を使い，ストーリーを自分の言葉で伝えましょう。

Unit 7 New Year Holidays in Japan [教科書 p.104]

1 New Year ／ a temple （新年／寺）
Tina, Hajin, and Eri said, "Happy New Year!" Tina went to a temple on New Year's Eve.
（ティナとハジン，絵里は「あけましておめでとう！」と言いました。ティナは大みそかにお寺へ行きました。）

2 bell ／ home ／ TV （鐘／家／テレビ）
Tina rang a bell on New Year's Eve. Hajin stayed home and watched TV.
（ティナは大みそかに鐘をつきました。ハジンは家にいてテレビを見ました。）

3 *toshikoshi soba* ／ long （年越しそば／長い）
Tina ate *toshikoshi soba*. She told Hajin about *toshikoshi soba*. *Soba* is a sign of long life.
（ティナは年越しそばを食べました。彼女はハジンに年越しそばについて話しました。そばは長寿のしるしです。）

4 a cold ／ poor （風邪／かわいそうな）
Kota had a cold. Tina said, "Poor Kota!"
（コウタは風邪をひいていました。ティナは「かわいそうなコウタ。」と言いました。）

5 a fever ／ missed （熱／〔人〕がいないのを寂しく思った）
Kota still has a fever. Tina says to Kota, "I missed you."
（コウタはまだ熱があります。ティナはコウタに言います。「寂しかったよ。」）

6 traditional buildings ／ Japan （伝統的な建物／日本）
Tina wrote a postcard to her grandparents. She went to Asakusa with her friends. She saw the traditional buildings. She said to her grandparents, "Can you come to Japan?"
（ティナは祖父母にはがきを書きました。彼女は友達と浅草に行きました。伝統的な建物を見ました。彼女は祖父母に書きました。「日本に来ることができますか。」）

Unit 8 Getting Ready for the Party [教科書 p.118]

1 a special photo album （特別なアルバム）
Kota, Eri, and Hajin are making a special photo album for Tina. It's Tina's birthday present.
（コウタと絵里，ハジンはティナのために特別なアルバムを作っています。ティナの誕生日プレゼントです。）

2 a cake ／ helping ／ three o'clock （ケーキ／手伝い／3時）
Nick is baking a cake. His mother is helping him. He says to Kota, "Come to our house at three o'clock."
（ニックはケーキを焼いています。彼のお母さんは彼を手伝っています。彼は，コウタに言います。「3時に家に来て。」）

3 Tina's home ／ shopping （ティナの家／買い物）
Eri, Kota, and Hajin went to Tina's home. Tina went shopping.
（絵里とコウタ，ハジンはティナの家に行きました。ティナは買い物に出かけていました。）

4 the cake ／ the decorations （ケーキ／飾り）
Ms. Rios, Eri, and Nick are decorating the cake. Kota and Hajin are putting up the decorations.
（リオスさんと絵里，ニックはケーキを飾りつけています。コウタとハジンは飾りを取りつけています。）

5 surprise ／ birthday （驚き／お誕生日）
Everyone said to Tina, "Surprise!" Eri said to Tina, "Happy birthday."
（みんながティナに「驚いたでしょう！」と言いました。絵里がティナに「お誕生日おめでとう。」と言いました。）

6 a present ／ a special album （プレゼント／特別なアルバム）
Eri gives Tina a present. It's a special album. It's Kota's idea.
（絵里はティナにプレゼントをあげます。それは特別なアルバムです。コウタのアイデアです。）

Your Coach ❸ 会話を続けよう

Speak

Q 会話を続けるコツを教えてください。

A1 会話がどのように続いているのかを見てみましょう。

実際の会話を聞き，会話を続けるイメージをもちましょう。
会話が続くためには，どのような態度や工夫が必要でしょうか。

（例）相づちをうつなど，相手の言葉に反応したり，質問したりする

> **ポイント** 音声の内容は次の通りです。
>
> *Kana :* I'm Kana. I'm from Hokkaido, Japan. （私はカナです。日本の北海道出身です。）
> *Ken :* Nice to meet you, Kana. I'm Ken. （はじめまして，カナ。ぼくはケンです。）
> I'm from Okinawa. Are you interested in music? （沖縄県出身です。音楽に興味はありますか。）
> *Kana :* Yes, I am. I like pop music. （はい，あります。ポップミュージックが好きです。）
> *Ken :* Oh, you like pop music. Me too. Who is your favorite singer?
> （あ，ポップミュージックが好きなのですね。ぼくも好きです。お気に入りの歌手は誰ですか。）
> *Kana :* I like Taylor Swift best. I listen to her songs every day.
> （私はテイラー・スウィフトがいちばん好きです。毎日彼女の曲をきいています。）
> *Ken :* Wow. I like her too. Her songs are really cool.
> （わぁ，ぼくも好きです。彼女の歌は本当にかっこいいです。）
> *Kana :* I have all of her albums. Let's listen to her songs together someday.
> （彼女のアルバムは全部持っています。いつかいっしょにききましょう。）
> *Ken :* Yes, let's. （ええ，そうしましょう。）

A2 会話を続けるコツを知り，繰り返し使ってみましょう。

TIPS for Speaking

会話を続けるコツ
❶ 2文以上で答える
❷ 相づちを打つ
❸ 質問をする

1. 次の質問に2文以上で答えましょう。　　　Do you like music?
   2文目は具体的なことを言いましょう。　　（音楽が好きですか。）
   （例）Yes, I do. （はい，好きです。）
   　　 I like jazz very much. （ジャズがとても好きです。）
2. 次の言葉に相づちを打ちましょう。　　　　I like music. （私は音楽が好きです。）
   （例）Oh, you like music. （まあ，音楽が好きなんですか。）
3. 次の言葉を聞いて，質問をしてみましょう。　I like music. （私は音楽が好きです。）
   （例）What kind of music do you like? （どんな音楽が好きですか。）

Responses　相づち

便利な表現	相手の言葉を繰り返す	驚いたときの表現	続きを聞きたいときの表現	聞き直したいときの表現
I see. （わかりました，なるほど）	Oh, you like music. （あぁ，音楽が好きなんですね。）	Wow. （うわぁ，やぁ）	Tell me more. （もっと話してください。）	Pardon? （もう一度言ってください。）
Uh-huh. （うん，うんうん，あぁ）	Oh, do [did] you? （あぁ，そうなんですか。[そうだったんですか]）	Really? （えっ，ほんと？）	And then? （それから？）	Sorry? （何ですか。）
That's nice. （いいですね。）		Are you kidding? （冗談でしょう，まさか）		Excuse me? （何て言ったのですか。）
Sounds great. （よさそうですね。）		I didn't know that. （知りませんでした。）		I did't hear you. （聞こえませんでした。）
That's too bad. （残念です。気の毒です。）				

Goal　自分や相手のことについて，その場でやり取りすることができる。

1 This Is Me　私ってこんな人

自分のことを話すとき，どのようなことを伝えるといいかな。

[やり取りの例]

Kana : Hi, I'm Kana. (こんにちは，カナです。)
I'm from Hokkaido.　(北海道出身です。)

Ken : Nice to meet you, Kana. I'm Ken.　(はじめまして，カナ。ぼくはケン。)
I'm from Okinawa.　(沖縄県出身です。)
I like music. Are you interested in music?　(音楽が好きです。あなたは音楽に興味はありますか。)

Kana : Yes, I am. I like pop music.　(はい，あります。ポップミュージックが好きです。)

Ken : Oh, me, too. Who is your favorite singer?　(へえ，ぼくも好きです。お気に入りの歌手は誰ですか。)

Questions & Answers　(質問と答え)

解答例

1. When is your birthday?　(誕生日はいつですか。)
My birthday is May 12th.　(私の誕生日は5月12日です。)

2. What is your favorite subject?　(好きな教科は何ですか。)
My favorite subject is English.　(私の好きな教科は英語です。)

3. What TV programs do you like?　(何のテレビ番組が好きですか。)
I'm a quiz show fan.　(私はクイズ番組のファンです。)

4. What food don't you like?　(苦手な食べ物は何ですか。)
I don't like tomatoes so much.　(私はトマトがあまり好きではありません。)

5. Do you like spring?　(春は好きですか。)
I like summer.　(私は夏が好きです。)

6. Do you play any sports?　(何かスポーツはしますか。)
I'm good at soccer.　(私はサッカーが得意です。)

7. Do you have any pets?　(何かペットを飼っていますか。)
I have a cat.　(私はネコを飼っています。)

8. Are you interested in music?　(音楽に興味はありますか。)
I'm interested in movies.　(私は映画に興味があります。)

9. Who is your favorite actor?　(好きな俳優は誰ですか。)
Yokohama Ryusei is my favorite.　(横浜流星が私のお気に入りです。)

10. Which do you want, new video games or comics?
(新しいテレビゲームと漫画のどちらが欲しいですか。)
I want new video games.　(私は新しいテレビゲームが欲しいです。)

[Topics]　会話が続くようになってきたら，トピックを1つ決めて，話を深めよう。

☐ **My Favorites**　私の好きなもの・こと
season　季節
food　食べ物
subject　教科
sport　スポーツ
TV program　テレビ番組

music　音楽
movie　映画
☐ **My Family or Pets**　私の家族やペット
☐ **My Friends**　私の友達
☐ **My Town**　私の町

2 My Life　私の日常

おたがいをよく知るために日常生活について話すとき，どのようなことを伝えるといいかな。

［ やり取りの例 ］

Ken :　What time do you get up on weekdays?
（平日は何時に起きますか。）

Kana :　I usually get up at 5:00. I walk my dog in the morning.
（普段は5時に起きます。朝，犬を散歩に連れていくんです。）

Ken :　At 5:00? That's early!
（5時に？　それは早いですね！）

Kana :　How about you? What time do you usually get up?
（あなたはどうですか。普段何時に起きますか。）

Questions & Answers　（質問と答え）

解答例

1.　What club are you in?　（何の部活に入っていますか。）
   I'm in the art club.　（私は美術部に入っています。）

2.　When do you do your homework?　（いつ宿題をしますか。）
   I do it after dinner.　（私は夕食後にします。）

3.　What's your favorite school event?　（あなたの好きな学校行事は何ですか。）
   I like the field trip.　（私は遠足が好きです。）

4.　What time do you get up on weekdays?　（平日は何時に起きますか。）
   I usually get up at 7:00.　（私は普段は7時に起きます。）

5.　What do you usually have for breakfast?　（普段は朝食に何を食べますか。）
   I usually have bread.　（私は普段パンを食べます。）

6.　Do you clean your room by yourself?　（あなたは自分で部屋を掃除しますか。）
   I never relax in a dirty room.　（私は決して汚い部屋でくつろぎません。）
   I clean my room by myself every day.　（毎日，自分で部屋を掃除します。）

7.　What do you enjoy doing in your free time?　（あなたは空いている時間に何をして楽しみますか。）
   I enjoy reading.　（私は読書を楽しみます。）

8.　Do you often go out on Sundays?　（あなたは日曜日によく出かけますか。）
   I often go to the park.　（私はよく公園に出かけます。）

9.　What did you do last weekend?　（あなたは先週末，何をしましたか。）
   I went to the beach with my brother.　（私は兄とビーチへ行きました。）

10. Where did you go during the winter vacation?　（あなたは冬休みの間にどこへ行きましたか。）
   I didn't go abroad.　（私は外国には行きませんでした。）

［ Topics ］　会話が続くようになってきたら，トピックを1つ決めて，話を深めよう。

□ **My School Life**　学校生活
　schedule　時間割
　club activity　部活動
　school events　学校行事
□ **After-School Life**　放課後
□ **At Home**　家では
　daily tasks　日課
　free time　時間があるとき

□ **On Vacation**　休みの日には
　on weekends　週末
　last weekend　先週末
　summer [winter] vacation　夏［冬］休み
□ **My Ideal Life**　理想の生活

3 My Future　私のしたいこと

おたがいの夢や将来の目標について話すとき，どんなことを伝えるといいかな。

[やり取りの例]

Kana : What do you want?　（あなたは何が欲しいですか。）

Ken : I want to get some pets. I want some dogs.
（私は何匹かペットを飼いたいです。犬が何匹か欲しいですね。）

Kana : Really? How many dogs do you want?　（そうですか。犬は何匹欲しいですか。）

Ken : Three. Maybe an Akita-inu, a bulldog, and a poodle.
（3匹です。秋田犬，ブルドッグ，それにプードルでしょうか。）

Questions & Answers　（質問と答え）

解答例

1. What do you want to be?　（あなたは何になりたいですか。）
   I want to be a famous singer.　（私は有名な歌手になりたいです。）
2. Where do you want to go on your next vacation?　（あなたは次の休暇でどこへ行きたいですか。）
   I want to go to Canada.　（私はカナダに行きたいです。）
3. Do you want to go abroad?　（あなたは海外に行きたいですか。）
   I don't want to get on a plane.　（私は飛行機に乗りたくありません。）
   But I want to go abroad.　（しかし，私は海外に行きたいです。）
4. What do you want to try now?　（今，あなたは何に挑戦したいですか。）
   I want to try to run a marathon.　（私はマラソンに挑戦したいです。）
5. How many pets do you want?　（あなたはペットを何匹欲しいですか。）
   I really want two cats.　（私は2匹のネコが本当に欲しいです。）
6. Who do you want to meet?　（あなたは誰に会いたいですか。）
   I want to meet Santa Claus.　（私はサンタクロースに会いたいです。）
7. Which sport do you want to try?　（あなたはどのスポーツをやってみたいですか。）
   I want to try rugby.　（私はラグビーをやってみたいです。）

[Topics]　会話が続くようになってきたら，トピックを1つ決めて，話を深めよう。

☐ **Dreams and Goals**　夢や目標
☐ **Places**　行きたい場所
☐ **Items**　欲しいもの

● New Words　単語と語句　アクセントの位置に注意して，声に出して発音しよう。

☐ pop music [páp mjùzik]
　名 ポピュラー音楽，流行歌

☐ **program** [próugræm]
　名 (テレビ・ラジオの) 番組

☐ **comic** [kámik]　名 漫画雑誌 [本]

☐ *favorite* [féivərit]　名 最も好きなもの

☐ weekday [wíːkdèi]　名 平日

☐ **often** [ɔ́ːfən]　副 よく，たびたび

☐ *life* [láif]　名 生活

☐ **daily** [déili]　形 毎日の，日々の

☐ task [tǽsk]　名 (やるべき) 仕事

☐ ideal [aidíːəl]　形 申し分のない，理想的な

☐ *maybe* [méibi]　副 〜かな [表現をやわらげる]

☐ bulldog [búldɔ̀ːg]　名 ブルドッグ

☐ poodle [púːdl]　名 プードル

☐ **abroad** [əbrɔ́ːd]　副 外国に [へ・で]，海外に [へ・で]

☐ **goal** [góul]　名 目標，目的

My Japanese Lessons　私の日本語のレッスン

日本語について書かれた Tina のレポートを読みましょう。
Tina は日本語を学びながら，どのようなことを感じているでしょうか。

→ 本文の解説は pp.190-191 にあります。

① I came to Japan last year.　② I take Japanese lessons on weekends.
私は去年日本に来ました。　　　　　私は週末に日本語のレッスンを受けます。

③ I study Japanese very hard, but it's difficult for me.
私はとても一生懸命日本語を勉強しています。でも，それは私にとって難しいです。

④ For example, in Japanese, they count pencils this way
たとえば，日本語では鉛筆をこのように数えます

— *ippon, nihon, sambon* ....
いっぽん，にほん，さんぼん……。

⑤ But they count minutes this way — *ippun, nifun, sampun* ....
しかし，（時間の単位の）分はこのように数えます——いっぷん，にふん，さんぷん……。

⑥ *Pon-hon-bon* and *pun-fun-pun*.　⑦ That's confusing.
ぽん—ほん—ぼん，ぷん—ふん—ぷん。　　ややこしいです。

⑧ And this is another example.
また，これは別の例です。

⑨ I learned the Japanese phrase "*kekkō desu.*"
日本語の表現で「けっこうです」を習いました。

⑩ It has different meanings
この表現にはいくつか異なる意味があります

— "That's wonderful," "That's all right," and "No, thank you."
——「すばらしいです」「大丈夫です」「いいえ，いりません」。

⑪ That's very strange.　⑫ How can I use it?
とても奇妙です。　　　　　どのように使えばいいのでしょうか。

➡ 本文の解説はp.191にあります。

① And this is also an example.
これはまた 1 つの例です。

② They use many different words about clothes
服装に関して，たくさんの異なる語を使うのです

— *kiteiru, haiteiru, kabutteiru, tsuketeiru* ....
── 着ている，履いている，かぶっている，つけている……。

③ In English, we use "wear" for all our clothes
英語では，すべての衣服に "wear" を使います

— wear a shirt, a skirt, a cap, a scarf, gloves, and so on.
── シャツ，スカート，帽子，マフラー，手袋なども，すべて wear です。

④ That's very easy, isn't it?
とても簡単ですよね。

⑤ Japanese is very different from English.
日本語は英語とは大きく違います。

⑥ It's very difficult for me, but it's also interesting.
私にはとても難しいですが，興味深くもあります。

⑦ So I enjoy my Japanese lessons.
だから，日本語のレッスンを楽しんでいます。

⑧ I want to learn 1,000 *kanji* next year.
来年は漢字を1,000字学びたいです。

[153 words]　［153語］

After You Read

1. What does Tina think of Japanese?　（ティナは日本語のことをどう考えていますか。）

　（例）It's very difficult for me, but it's also interesting.
　　　（私にはとても難しいですが，興味深くもあります。）

2. Tina が説明のために例に挙げている日本語を，箇条書きにしてみましょう。

　（例）・数え方　（鉛筆，分）
　　　・「けっこうです。」の意味
　　　・着ている，履いている，かぶっている，つけている

Think　日本語と英語の違いについて考えてみましょう。

　　　1. 日本語の「きょうだい」は，英語で何に当たるか。

　　　　（例）brother and sister, brother(s), sister(s)

　　　2. 英語の「Mr.」は，日本語では何に当たるか。

　　　　（例）〜さん，〜先生，〜氏など。

Words 単語と語句 　　　　　　　　　　　　　　　　　　　教科書 p.151

☐ come → came come の過去形　　　　☐ phrase 言い回し

☐ difficult 難しい　　　　　　　　　　☐ different 違った

☐ example 例　　　　　　　　　　　　☐ meaning(s) 意味

☐ count 〜を数える　　　　　　　　　☐ strange 奇妙な

☐ confusing ややこしい　　　　　　　☐ last year 昨年

☐ another 別の　　　　　　　　　　　☐ for example 例えば

☐ learn(ed) 〜を習う　　　　　　　　☐ this way こういうふうに

Words 単語と語句 　　　　　　　　　　　　　　　　　　　教科書 p.152

☐ word(s) 言葉　　　　　　　　　　　☐ easy 簡単な

☐ clothes 衣服　　　　　　　　　　　☐ and so on 〜など

☐ skirt スカート　　　　　　　　　　☐ 1,000 = one thousand

☐ scarf マフラー　　　　　　　　　　☐ be different from 〜 〜と違っている

☐ glove(s) 手袋

本文の解説

教科書 p.151

① **I came to Japan last year.**

came は come の過去形 (不規則変化) です。
last year は「**昨年**」という意味で，過去のことであることを表しています。

② **I take Japanese lessons on weekends.**

この文での take は「**(レッスン) を受ける**」という意味を表しています。**on weekends** は「**週末に**」という意味です。
weekend は普通，金曜日の夜から日曜日を指します。

③ **I study Japanese very hard, but it's difficult for me.**

it は Japanese (日本語) を指しています。**for 〜**は「**〜にとって**」という意味を表しています。

④ **For example, in Japanese, they count pencils this way**
　 — *ippon, nihon, sambon ....*

for example は「**たとえば**」という意味を表し，例をその後で述べるときに使います。
in Japanese は「**日本語では**」という意味を表します。

⑤ **But they count minutes this way — *ippun, nifun, sampun ....***

this way は「**こういうふうに**」という意味を表し，その後に，具体的な内容を続けます。

⑨ **I learned the Japanese phrase "*kekkōdesu.*"**

the Japanese phrase と "*kekkōdesu*" は同格で，同じものを言い換えています。「〜である…」のような意味になります。

⑩ **It has different meanings**
— "That's wonderful," "That's all right," and "No, thank you."

it は⑨の the Japanese phrase を指しています。
different は後に複数形の名詞が続くと「**いろいろな，さまざまな**」という意味を表します。

⑫ **How can I use it?**

how は「**どのようにして**」という意味の疑問詞です。この it も⑨の the Japanese phrase を指しています。

本文の解説

① **And this is also an example.**

also は「**〜もまた**」という意味があります。

② **They use many different words about clothes**
— *kiteiru, haiteiru, kabutteiru, tsuketeiru* ....

—（ダッシュ）は「つまり」と後に，直前の語句を言い換えたものが来ます。ここでは，many different words about clothes（衣服に関するたくさんのいろいろな言葉）をダッシュの後に具体的に並べています。

③ **In English, we use "wear" for all our clothes**
— wear a shirt, a skirt, a cap, a scarf, gloves, and so on.

and so on は語句を列挙した後，「**〜など**」と締めくくるときに使います。

④ **That's very easy, isn't it?**

〜, isn't it? は「**〜ですよね。**」と相手に念を押す言い方です。

⑤ **Japanese is very different from English.**

be different from 〜で「**〜と違っている**」という意味を表します。

⑥ **It's very difficult for me, but it's also interesting.**

it は Japanese を指しています。**for** 〜は「**〜にとって**」という意味を表します。

⑦ **So I enjoy my Japanese lessons.**

so は「**だから**」という意味の接続詞で，その直前の文が，後に続く文の〈理由〉であることを示しています。

Classroom English

先生： Hello, everyone. （こんにちは，みなさん。）

How are you? （ご機嫌いかがですか。）

あなた： I'm fine, thank you. （よいです。ありがとうございます。）

先生： That's all for today. （今日の授業はこれで終わりです。）

Goodbye, class. （みなさん，さようなら。）

あなた： Goodbye, Mr. Suzuki. （さようなら，鈴木先生。）

● 先生からあなたへ

Look at the board. （黒板を見てください。）

Repeat after me. （私の後に続いて言ってください。）

Who knows the answer? （答えがわかる人はいますか。）

Open your textbook to page ten. （教科書の10ページを開きなさい。）

Close your textbook. （教科書を閉じなさい。）

Please make groups of four. （4人で組になってください。）

● あなたから先生へ

❶ Pardon? / Excuse me? 何とおっしゃいましたか。

❷ I have a question. 質問があります。

❸ I can't hear you well. よく聞こえません。

❹ I don't understand. わかりません。

❺ Give me a little more time. もう少し時間をください。

❻ What does "scissors" mean? "scissors" とはどんな意味ですか。

❼ What's "*hasami*" in English? 「はさみ」は英語で何ですか。

❽ How do you spell it? それはどのようにつづりますか。